W0041780

Austermann/Wohlleben
Die pfiffige Murmelbahn

Marianne Austermann · Gesa Wohlleben

Die pfiffige Murmelbahn

Fröhliche Spiele mit kleinen Kindern

Kösel

Für die Erlaubnis zum Abdruck folgender Beiträge danken wir den Autoren und Verlagen:

S. 41: Alle Indianer stampfen. Text: Ortfried Pörsel. Musik: Heinz Lemmermann. Aus: »Der Rummelpott«. Rechte beim Fidula-Verlag, Boppard/Rhein und Salzburg.

S. 45: Pony-Lied. Text und Musik: Klaus W. Hoffmann. © Aktive Musik Verlagsgesellschaft mbH, Dortmund.

S. 51: Ich heiße August Fridolin. Text und Melodie: Barbara Böke. Aus: »Lernspiele«, Band 2. Fidula-Verlag, Boppard/Rhein und Salzburg.

S. 55: Rummelbummel. Text und Melodie: Thilde Lorenz. Von der Fidula-Cassette 15 »Tänze für Kinder/Spiellieder«. Fidula-Verlag, Boppard/Rhein und Salzburg.

S. 63: Eine Segelbootpartie. Aus: Erich Weinert »Gesammelte Gedichte«. © Aufbau-Verlag Berlin und Weimar 1970.

S. 89: Das Farbenlied. Text: Heinz Beckers. Musik: Detlev Jöcker. Aus: »Komm, du kleiner Racker«. Rechte im Menschenkinder Verlag, Münster.

S. 91: Wenn sich die Igel küssen. Text und Musik: Heinrich Kuhnen, Kempen. Rechte beim Autor.

Hinweis

Alle in diesem Buch gemachten Angaben, Daten und Anregungen wurden von den Autorinnen nach bestem Wissen erstellt und vom Verlag sorgfältig überprüft. Dennoch erfolgen die Angaben ohne Garantie oder Verpflichtungen. Deshalb werden vom Verlag und von den Autorinnen keinerlei Verantwortung oder Haftung für eventuelle Unrichtigkeiten, Schäden oder Nachteile übernommen.

ISBN 3-466-30535-7

6., durchgesehene Auflage 2001, 53.-62. Tausend
© 1992 by Kösel-Verlag GmbH & Co., München
Printed in Germany. Alle Rechte vorbehalten
Druck und Bindung: Kösel, Kempten
Layout: Regina Rilz, München
Fotos: Gudrun Steinfort, Berlin
(ausgenommen die Fotos auf Seite 88)
Lieder und Grafiken: Renate Sander, Berlin
Umschlag: Elisabeth Petersen, München
Umschlagfoto: Gudrun Steinfort, Berlin

Inhalt

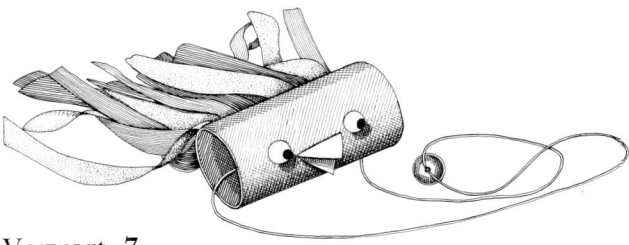

Vorwort **7**

Die Bedeutung des Spielens **9**

Die Entwicklung des Kleinkindes **11**

Tast- und Berührungsspiele zum Kitzeln und Knuddeln **14**

Schaukel- und andere Tobespiele **22**

Ballspiele **27**

Die pfiffige Murmelbahn **33**

Einfache Turnspiele **37**

Kreis- und Bewegungsspiele **49**

Fingerspiele und erste Aktionsgeschichten **61**

Feinmotorische Geschicklichkeitsspiele **71**

Erstes kreatives Gestalten **82**

Musikspiele oder das Experimentieren mit Tönen und Geräuschen **92**

Rollen- und Nachahmungsspiele **100**

Spiel- und Bastelspaß für Kinderfeste **114**

Verzeichnis der Lieder und Verse **128**

Vorwort

Der Erfolg unseres ersten Buches »Zehn kleine Krabbelfinger« hat das Bedürfnis nach spielerischen Anregungen für die Kleinsten bestätigt, doch auch den Appetit auf weiteren Spielspaß geweckt.

Wenn wir im ersten Buch elementare Erfahrungs- und Entwicklungsanregungen aus dem taktilen, optischen und akustischen Bereich neben einfachen Bewegungsspielen vermitteln wollten, so stehen jetzt Anregungen für die psychomotorische Entwicklung im Vordergrund. Im Kleinkindalter sind Motorik und Wahrnehmung eng miteinander verknüpft. Unsere Spiele berücksichtigen daher den Bewegungsdrang, der bei großer Neugier- und Entdeckerlust die Spielhandlungen der Ein- bis Dreijährigen stark beeinflußt. Bei ruhigeren, schöpferischen Spielen wie Malen und Basteln, kommt es dem Kind weniger auf das Ergebnis als auf das Tun an.

Unsere Spiele beruhen auf jahrelanger praktischer Erfahrung mit unseren Spielgruppen. Hier entstanden auch die Fotos. Wir möchten an dieser Stelle allen Kindern und Eltern, die mit viel Spaß bei der Entstehung der Fotos mitgewirkt haben, ganz herzlich danken. Danken möchten wir auch dem engagierten Frauenteam, der Grafikerin Renate Sander, der Fotografin Gudrun Steinfort und der Herstellerin Regina Rilz, die unser Buch so liebevoll gestalten halfen. Insbesondere aber danken wir unserer Lektorin Dagmar Olzog, die uns wie schon beim ersten Buch mit Geduld und sensibler Beratung half, mit Freude die Konzeption unseres Buches zu realisieren.

Viele Spiele sind mit Liedern und Versen verbunden, um dem wachsenden Sprachverständnis des Kindes mit neuen Impulsen zu entsprechen. Kleinkinder entwickeln oft große Ausdauer bei Wiederholungen beliebter Spiele. Mit »nochmal« oder »mehr« wird da schon manchmal die Geduld des Erwachsenen erheblich strapaziert.

Vieles will das Kind nun auch »allein« machen, wobei es nur ungern Grenzen akzeptiert. Mischen Sie sich nur dann ein, wenn es nötig wird, und lassen Sie möglichst Ihren eigenen Geschmack nicht zu sehr dominieren. Um so mehr können Sie die Freude des Kindes über seine wachsenden Fähigkeiten teilen. Das bedeutet aber auch genügend Freiraum, in dem das Kind sein Können in selbstgewählter und selbstgewollter Form erproben kann.

Unsere Spiele und Anregungen sind

einfach nachzuvollziehen und wollen Eltern ermutigen, selbst kreativ und initiativ zu werden. Viele Dinge, die Erwachsene oft gedankenlos wegwerfen, haben für Kinder dagegen einen besonderen Reiz. Es lohnt sich daher für viele Gelegenheiten einen Vorrat von Sachen zu haben, die eigentlich in der Mülltonne gelandet wären. So zum Beispiel einen Stapel Zeitungen, Korken von Wein-, Sekt- oder Bierflaschen, leere Papprollen von Toiletten- und Haushaltspapier, Eierkartons, Käseschachteln, Joghurtbecher, Bierdeckel, leere Plastikflaschen, Partyteller, Wollreste, Stoffreste, Knöpfe, Wellpappe, leere Filmdöschen, Streichholzschachteln usw. … Alte Hüte, Handtaschen oder Schuhe, Gürtel, Brillen, Federn, Modeschmuck, Kleider, Tücher aller Art, Oberhemden, Blusen usw. eignen sich hervorragend als Requisiten.

Suchen Sie Kontakt zu anderen Eltern mit altersentsprechenden Kindern und sorgen Sie für regelmäßige Begegnungen. In kleineren Gruppen von maximal zehn Kindern kann eine gesunde soziale und emotionale Entwicklung des Kindes im Schutz der Eltern besonders gut unterstützt werden und so eine gute Vorbereitung auf Kindergarten oder Vorschule darstellen. Die Möglichkeit, andere Kinder zu erleben sowie Erfahrungen mit anderen Eltern austauschen zu können, vermittelt Eltern mehr Sicherheit. Da Spielspaß ansteckend sein kann, hoffen wir, dies mit unseren Anregungen bei Kindern und Erwachsenen zu erreichen, und wünschen allen Beteiligten viel Freude!

Die Bedeutung des Spielens

*»Spielen ist Nahrung für Körper,
Seele und Geist.«*

Hat das Baby in seinem ersten Lebensjahr den ständigen Kontakt zum Erwachsenen noch gebraucht, um sich spielerisch »gesund zu ernähren«, so kann es mit zunehmendem Alter immer selbständiger seine spielerische »Ernährungsweise« bestimmen, wenn der entsprechende Rahmen vorhanden ist.

Mangelnde Anreize und Anregungen können ein Kind in seiner gesamten Persönlichkeitsentwicklung hemmen, weil es mit »Nahrung unterversorgt« ist. Ebenso überfordern einseitige Frühförderungsprogramme ein Kind und machen es lustlos, weil es »Verdauungsprobleme« bekommt.

Leider lassen sich in der Erziehung keine Rezepte aufstellen und immer wieder werden Eltern gefordert, den »goldenen Mittelweg« zu finden. Kontakt, Zeit und Geduld sind wichtige Faktoren, Kleinkindern die Chance einer geschützten, harmonischen Umgebung zu bieten, in der sie spielen, träumen und glücklich sein können.

Oft ist die Reizüberflutung schon im Kleinkindalter sehr groß und die Verwendung des Fernsehers als Babysitter verhindert ein gesundes Spielverhalten mit entsprechendem Bewegungsraum. Das fertige Fernsehbild gibt wenig Anreiz zu eigener Phantasie, der schnelle Filmablauf schränkt den Spielraum für Gedanken, Fragen oder Spielaktionen ein. Wer ein Kind beim Spielen beobachtet, sieht, wie viele unermüdliche Übungen hinter neuerworbenen Fähigkeiten stecken und welche Freude diese Kinder am eigenen aktiven Handeln haben.

Das Kleinkind ist in erster Linie damit beschäftigt, den eigenen Körper und dessen wachsendes Können sowie die Menschen seiner Umgebung kennenzulernen. Es übt und erweitert mit Ausdauer seine Sprache und Motorik und benötigt nur wenige Spielsachen. Alle Gegenstände in seiner Umgebung werden zum Spielzweck und ziehen es in seinen Bann. Wird ein Kind mit zu viel Spielzeug oder Anreizen überfüttert, so wird es ratlos und in seiner Entscheidungs- sowie Konzentrationsfähigkeit gehemmt.

Spielsachen müssen weder neu noch teuer sein. In erster Linie kommt es darauf an, wie sie dem Kind präsentiert werden. So wird ein Kuscheltier oft erst dann interessant, wenn es dem Kind mit einem Kitzel- oder Schmusespiel nahegebracht und »zum Leben erweckt« wird.

Beim gemeinsamen Spielen gehen vielerlei Impulse aus, die das Kleinkind in seiner gesamten Entwicklung fördern. Hautnaher Kontakt, Singen und Sprechen fördern das Gefühl für Rhythmus, Melodie und Sprache. Kann das Kind sich aufrichten und laufen, werden seine Hände nicht mehr zum Krabbeln gebraucht, und es versucht eifrig, Gebärden und Bewegungen seiner Vorbilder nachzuahmen und damit seine Geschicklichkeit und Körperbeherrschung ausdauernd zu vervollständigen. Finger- und Handpuppen können Phantasie und Sprachspiele unterstützen. Aus dem Bereich des täglichen Lebens lassen sich viele gemeinsame Spiele erfinden. Außerdem lieben Kinder dieser Altersstufe Wiederholungen. Mit wachsendem Alter werden gemeinsame Gruppenspiele mit Freude wahrgenommen. Dabei kann es leicht zu Konflikten kommen, wenn das zunehmende Selbständigkeitsbestreben des Kindes zu wenig berücksichtigt wird. Hier kann Geduld und Sensibilität ein richtiges Maß zwischen Freiraum und Anleitung schaffen. Spielen ist eine ernste Tätigkeit und bedeutet intensive Auseinandersetzung mit Problembewältigung und Phantasieentwicklung. Wer ein Kind beim Spielen beobachtet, kann dessen Ausdauer und Konzentration nur bewundern. Dies gilt es unbedingt zu erhalten!

Besonders schwer kann sich ein Kleinkind manchmal von seinem intensiven Spiel trennen. Fließende Übergänge – wie gemeinsam eine Überleitung aus dem Spiel in die von den Eltern gewünschte Richtung zu suchen – sowie zeitige Ankündigungen helfen seinem Orientierungsvermögen, mit einem Spielabbruch leichter fertig zu werden. Im Spiel setzt sich das Kind mit der Welt der Erwachsenen auseinander. Es lernt seine wachsenden Fähigkeiten kennen, worauf sich Stolz und Selbstvertrauen aufbauen, aber auch Grenzen deutlich werden. Kinder dieser Altersstufe wollen ihre Grenzen herausfinden; Grenzenlosigkeit kann genau wie Einengung zu Angst und Verunsicherung führen.

Im Spiel mit Gleichaltrigen erfährt Ihr Kind die Auswirkungen seiner Handlungen, lernt teilen, etwas für sich zu behalten und es zu verteidigen.

Beobachten Sie das Spielverhalten Ihres Kindes und geben Sie nur dann neue Anregungen, wenn die Spielfreude erlahmt und neuer Spielschwung notwendig wird. Ein Kind sollte nie beim selbständigen Spiel gestört werden, nur weil der Erwachsene Lust zum Zusammenspiel hat. Spielförderung sollte immer vom Kind ausgehen, damit es zu keiner Überforderung kommt.

Genießen Sie die Freude, das Wachsen, die Kontakt- und Spielbereitschaft Ihres Kindes mit Gelassenheit. Versetzen Sie sich häufiger in Ihre eigenen Kindheitsträume und -wünsche, so können Sie Ihr Kind sicher auch in kritischen Phasen besser verstehen. Lassen Sie sich in das Zauberreich der Phantasie entführen, in der auch Erwachsene viel lernen können. Wir möchten Ihnen mit unserem Buch auf die Sprünge helfen und wünschen Ihnen viel Spaß.

Die Entwicklung des Kleinkindes

Für die Entwicklung gibt es keine starren Normen. Bei einem gesunden Kind können Sie seinem individuellen »Entwicklungsfahrplan« vertrauen. Da die Entwicklung sehr vielschichtig ist, können wir Ihnen im Rahmen unseres Buches nur einen groben Überblick geben. Nehmen Sie bitte alle Vorsorgetermine wahr und wenden Sie sich im Zweifelsfall an den Arzt Ihres Vertrauens.

Im zweiten Lebensjahr wird die Entfaltung der kindlichen Persönlichkeit immer deutlicher. Im Vordergrund steht die Vollendung des aufrechten Ganges und die Differenzierung der Feinmotorik und der Sprache. In diese Zeit fällt auch die Sauberkeitsgewöhnung, die einerseits abhängig ist von dem willentlichen Einfluß des Kindes auf seine Schließmuskeln (der individuell unterschiedlich ist), als auch von einer gelassenen Erziehungshaltung seiner Bezugsperson.

Ihr Kind wird mobiler und kann dadurch seinen Erfahrungshorizont erheblich erweitern, wenn ihm die entsprechenden Bewegungs- und Wahrnehmungsimpulse ermöglicht werden. Seine Umwelt lernt es durch Sehen, Hören, Tasten, Riechen und Schmecken kennen. Durch Bewegung und Experimentieren mit dem eigenen Körper sowie durch Einwirken auf Gegenstände und Personen macht es wichtige Erfahrungen. Es muß Dinge im wahrsten Sinne begreifen: durch Anfassen und Probieren. Alles wird befühlt, geschüttelt, zerrissen und geworfen. Verbote, die dieses »Begreifen« verhindern sollen, behindern eine gesunde Entwicklung. Kritische Gegenstände, an denen es sich verletzen, die es verschlucken oder in Nase und Ohren stecken kann, müssen außer Reichweite sein.

Oft machen sich Eltern Sorgen darüber, wenn das Kind relativ spät mit dem Laufen beginnt. Ein gesundes Kind fängt dann an zu laufen, wenn seine Rücken-, Hüft- und Beinmuskulatur kräftig genug sind. Diese trainiert es unaufhörlich beim Krabbeln und betreibt damit den besten Babysport.

Meist ergreift ein gut und sicher sitzendes Kind jede Möglichkeit, um sich mit Hilfe niedriger Gegenstände aufzurichten. Anfangs wird es sich mit beiden Händen an die Hilfsmittel klammern. Langsam verlagert es dann sein Körpergewicht auf die Füße, um mit freien Händen sein Gleichgewicht zu finden und die ersten Schritte am Gegenstand entlang zu wagen. Unermüdlich übt es, nun oft noch auf Zehenspitzen, und läßt sich auch durch ein Umfallen nicht entmutigen. Der noch fettgepolsterte »Plattfuß« entwickelt erst mit der Zeit seine Muskulatur und das Laufen auf Zehenspitzen ist ein spielerisches Muskeltraining. Darum sollten Kleinkinder so oft wie möglich barfuß laufen. Der gesunde Kinderfuß benötigt einen Schuh nur als Schutzkleidung, die weich, elastisch und ohne feste Einlage sein kann. Das Kind vergrößert ständig seinen Aktionsradius und die Selbständigkeit eines »Zweibeiners«. Die Entdeckerfreude kennt keine Grenzen und erhöhte Aufsicht ist damit unerläßlich. Diese Selbständigkeit und zunehmende Freiheit kann Angst machen. Viele Kinder benötigen in dieser Entwicklungsphase Zuspruch und Geborgenheit. Sie werden zu wahren »Schmusebären«.

Bis zum dritten Lebensjahr entwickelt sich das Milchgebiß mit zwanzig Milchzähnen, womit sich eine Ernährungsumstellung von der Flasche auf das Essen mit dem Löffel und später dann mit der Gabel vollzieht.

Das Zusammenspiel von Auge und Hand wird immer genauer. Ihr Kind wird geschickter und will vieles allein machen. Aus nichts und allem kann ein Spiel werden; selbst das Essen wird mit einbezogen. Für Eltern bedeutet dies eine Herausforderung an Geduld, Zeit und liebevollem Verständnis. Kinder in diesem Alter erproben zu gern ihre Grenzen, die in jeder Familie anders sind.

Da sich eine Links- oder Rechtshändigkeit frühestens im dritten Lebensjahr deutlich macht, kann das Kind oft noch mit beiden Händen gleich geschickt han-

tieren. Es malt meist mit beiden Händen in großen, weitausholenden Bewegungen.

Aktionsspiele wie »Backe, Backe Kuchen« sowie Fingerspiele mit entsprechenden Liedern oder Versen, veranlassen ein Kind zum neugierigen Nachahmen. Viele Geschicklichkeitsspiele begeistern vor allem dann, wenn das Kind den Erwachsenen imitieren kann (zum Beispiel im Haushalt helfen). Die Kinder versuchen mit Konzentration und Ausdauer alle möglichen Gegenstände in Behältnisse zu stecken, um sie dann wieder herauszuholen. Steckspiele und Bastelmaterial, das sich verändert, wie Papier, Pappe, Knete, Farbe usw., laden zu ruhigen, schöpferischen Spielen ein, wobei die Experimentierfreude und nicht das Ergebnis interessiert.

Geräte zum Schieben, wie Puppenwagen, Autos, Kartons oder Kisten, werden unermüdlich durch die Gegend geschoben und dienen einem besseren Orientierungsvermögen sowie dem Körperbewußtsein. Manch ein Spaziergang wird zum »Stehspaziergang«, da Ihr Kind seiner Entdeckerlust nachgeht und nur wenig Verständnis für den Zeitmangel vieler Eltern hat. Mit geschicktem Ablenkungsmanöver läßt sich leicht ein Machtkampf vermeiden.

Turn- und Tanzspiele gehören zu den beliebten motorischen Anreizen, genauso wie Tobespiele mit viel Körperkontakt, Kuscheln und Schmusen. Der Bewegungsdrang ist ausgeprägt und jede Gelegenheit zum Laufen, Gehen, Springen, Klettern, Werfen und Fangen wird genutzt. Werden Gruppen- oder Kreisspiele von Einjährigen oft noch abgelehnt, verhalten sich Zweijährige kooperativer und haben viel Freude daran.

Gemeinsames Basteln, Turnen, Singen oder Improvisieren von Spielen lösen höchstes Interesse aus. Die Forderung nach Wiederholung sollte vom Kind ausgehen, denn auf diese Weise wird sein Erinnerungsvermögen gefördert.

Erfolgt die Kommunikation Ihres Kindes anfangs noch ohne Worte, so setzt es zunehmend mehr Töne, Gesten und Mimik ein und begleitet damit schließlich seine ersten Worte. Das Kind kennt nun seine vertraute Umgebung und beantwortet Fragen der Eltern mit Zustimmung oder Ablehnung. Bewegung und Sprache hängen im Kleinkindalter noch eng zusammen und gern werden »Winke-winke-« und »Bitte-bitte-Spiele« nachgeahmt und vorgeführt.

Voraussetzung für eine gesunde Sprachentwicklung ist die Fähigkeit, sich zu erinnern. Die Speicherkraft des Gedächtnisses entwickelt sich in den ersten Lebensjahren enorm. Dadurch kann das Kind alles, was es hört, sieht, fühlt, riecht und schmeckt wiedererkennen, einordnen und begreifen.

Am Ende des zweiten Lebensjahres wird das Sprachverständnis immer differenzierter. Viele Kinder können Körperteile benennen und zeigen und lernen immer besser, Formen und Farben einzuordnen.

Weil Sprache und Denken eng miteinander verbunden sind, kann die Sprachentwicklung durch Singen, Sprechen und den damit verbundenen Spielen gefördert werden.

Vermeiden Sie konkurrierende Vergleiche zu anderen Kindern, denn dadurch kann es zu ungünstigem Leistungsdruck kommen, der Ihrem Kind die Lust nimmt. Liebe und Geborgenheit helfen dem Kind, seine Umwelt Schritt für Schritt zu erobern, um sich so zu einer selbstbewußten, gesunden Persönlichkeit zu entwickeln.

Tast- und Berührungsspiele zum Kitzeln und Knuddeln

Liebevolle Hautberührungen stärken das Geborgenheitsgefühl und ein gesundes Körperempfinden. Je jünger ein Kind ist, um so stärker erfährt es seine Umwelt über Tasterlebnisse der Haut, des Mundes, der Hände und Füße.

Überall in der Haut befinden sich Hautrezeptoren, das heißt Nervenzellen, die mit dem Zentralnervensystem verbunden sind und Sinneseindrücke dorthin weitergeben. Empfindungen wie »warm - kalt«, »rauh - glatt«, »spitz - stumpf«, »naß - trocken« usw. können auf jedem Teil der Körperhaut erlebt werden. Eine besondere Stellung hat die Hand mit den Fingern, weil es dort besonders viele Nervenzellen gibt.

Zärtliche Hautkontakte sind in jeder Entwicklungsphase wichtig und ohne »Streicheleinheiten« ist eine gesunde seelische Entwicklung nicht denkbar. Ein Kleinkind, das stark mit seiner wachsenden Mobilität, etwa dem Krabbeln oder Laufenlernen beschäftigt ist, scheint manchmal nicht so interessiert an Streichel- oder Schmusespielen zu sein und genießt doch das »Troststreicheln« sehr. Mit Spannung verfolgt das Kind Krabbelspiele auf der Haut, wenn an unterschiedlichen Stellen Berührungsnerven in Schwingung versetzt werden.

Werden Körper- und Berührungsspiele als Tobespiele angeboten, können sie munter machen. In sanfter Form gespielt, zum Beispiel beim Zubettgehen, können sie sehr ausgleichend wirken und ein starkes Gefühl der Geborgenheit und inneren Ruhe vermitteln. Kosen und Kitzeln, verbunden mit Versen und Liedern, stimulieren das Sprachverständnis. Die Bereitschaft zum Knuddeln sollte vom Kind ausgehen und nicht vom Erwachsenen zu jeder Zeit erwartet werden.

Kribbel-Krabbelspiele

Streicheln Sie bei dieser *Hautmalerei* mit zarter Hand oder den Fingern auf Bauch, Rücken, Armen, Beinen mit unterschiedlichem Druck Linien, Punkte, Karos, Wellen, Bögen, Kreise, Spiralen. Auch mit Hilfe kleiner Bälle können Sie in kreisenden Bewegungen über einzelne Körperteile rollen. Teilen Sie Ihrem Kind mit, wie sich Haare und einzelne Körperteile anfühlen und wo es besonders kitzelig ist.

Folgende Verse geben dem Spiel eine neue Variante:

Dein Kopf ist rund, dein Kopf ist rund,
er hat Haare, Augen, Nas' und Mund,
und unter deinen Härchen
verstecken sich zwei Öhrchen.

Ein anderes Mal fragen Sie: Wo sind
deine Haare? (Augen, Nase, Mund usw.)
Dazu kann dieses Lied gesungen werden:

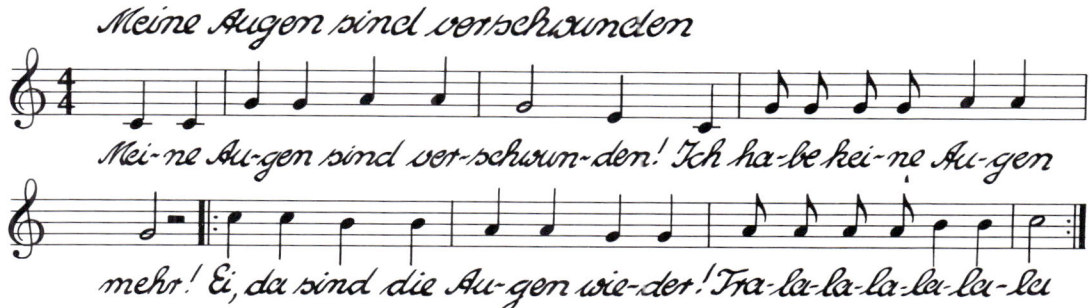

Setzen Sie auch andere Körperteile wie
Nase, Mund, Ohren, usw. ein. Mit Spannung wird Ihr Kind darauf warten, daß
der mit den Händen zugedeckte Körper-
teil wieder auftaucht.

Sie können aber auch das Lied »Wo sind
denn die Augen« singen, dessen Melodie
vom »Bruder Jakob« vielen bekannt ist:

»Wo sind denn die Augen, wo sind denn
die Augen, wo sind sie?
Wo sind sie geblieben, wo sind sie geblieben?
Da sind sie!

Nacheinander werden Nase, Mund, Ohren und andere Körperteile gezeigt und
eingesetzt.

Die einzelnen Körperteile können auch
mit unterschiedlichen Materialien wie
weichen Bürsten, verschiedenen Stoffen
oder Papier (Papiertaschentücher, Sei-
denpapier, Servietten usw.) oder Federn
gestreichelt werden.

Zur fröhlichen Untermalung eignet sich
folgendes Lied, wobei nacheinander andere Körperteile eingesetzt werden:

Wir streicheln, wir streicheln und fangen
fröhlich an.
Und wenn die Hand dann nicht mehr
kann, dann kommen beide Arme dran.
Wir streicheln, wir streicheln
und fangen fröhlich an.
(Melodie: »Wir spielen...«, S. 64.)

Bei Kummer oder kleineren Wehwehchen, die im Gefecht des Spielens oder Tobens immer wieder vorkommen, genießen Kinder das Trost- und Schmusestreicheln sehr. Unter der zärtlichen Berührung und dem kühlenden Pusten wird der Schmerz schnell vergessen, wenn dazu ein kurzer Reim geheimnisvoll geflüstert oder erzählt wird. Viele Kinder bevorzugen einen ganz bestimmten Vers, der seine Wunder vollbringt. Vielleicht entwickeln Sie Ihren Lieblingsvers mit dem Kind gemeinsam?

Komm her, mein kleines Schäfchen,
zeig mir dein Wehwehchen,
(Streicheln)
laß uns machen kühlen Wind,
(Pusten)
dann verschwindet's ganz geschwind.

Heile, heile Gänschen,
s'wird schon wieder gut,
die Katze hat ein Schwänzchen,
s'wird schon wieder gut.
Heile, heile Mausespeck,
in hundert Jahren ist alles weg.

Kribbel-krabbel-Mäuschen,
warum weinst du in deinem Häuschen?
Kribbel-krabbel-Maus,
komm doch schnell heraus.
Wir schauen uns die Sonne (oder andere Sachen, auch Kinder) *an,*
damit du wieder lachen kannst.
Kille, kille, kille...

Liebes Schätzchen, liebes Schätzchen,
komm zu mir, komm zu mir –
will dich streicheln, herzen,
schnell vergiß die Schmerzen.
Komm zu mir, komm zu mir.
(Melodie: »Bruder Jakob«.)

Kleine, süße Schmusekatze
mit dem weichen, warmen Fell,
komm ein bißchen näher ran,
daß ich mit dir schmusen kann.
Miau, mio, miau, mio,
das Schmusen macht mich froh.

Puste, puste, puste Wind,
(Pusten)
fort die Tränen ganz geschwind,
will dir was in's Öhrchen sagen
(geheimnisvoll flüstern)
und dich sacht im Kreise tragen.
Puste, puste, puste Wind.
(Pusten)
Hei, da lacht mein liebes Kind.

Heile, heile Spätzchen,
wo tut's weh, mein Schätzchen,
komm wir machen einen Tanz,
morgen ist ja alles wieder ganz.

Tastpuppenfamilie

Die einzelnen Puppen reizen nicht nur zum nachahmenden Spiel, sondern machen unterschiedliche Geräusch- und Tasterlebnisse möglich.
Dazu brauchen Sie: Verschiedene Stoffreste, Nadel, Faden, Wolle, Holzperlen (Durchmesser ca. 3 cm), Erbsen, Styroporschnipsel, Sand, Watte, Reis, Glöckchen.

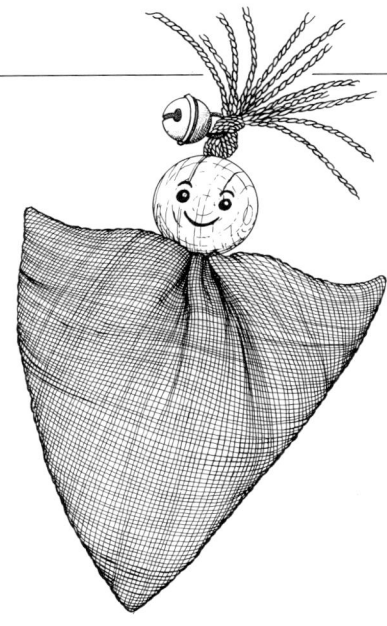

Schneiden Sie zwei Dreiecke zu mit den Seitenlängen 13 cm, 15 cm, 15 cm für die kleineren Puppen sowie 15 cm, 18 cm, 18 cm für die größeren Puppen. Dann nähen Sie die Seiten bis auf eine kleine Öffnung zu und füllen unterschiedliches Material in die einzelnen Säckchen. Eine große Holzperle wird mit Wolle an der schmaleren Seite in der Mitte befestigt. Ein Glöckchen verhindert das Rausrutschen der Perle, die mit oder ohne Gesicht (Lackstift) den Kopf darstellt.

Kitzelspiele

Mit Feder, Pinsel, Fell, Watte oder Wolle können Sie sich gegenseitig berühren und streicheln oder kitzeln.
Erfinden Sie dazu Verse oder Phantasieaktionen, wie pustender Wind, brummendes Auto, summende Biene, hüpfende Flöhe, quakende Frösche oder schleichende Katze usw., und ermuntern Sie Ihr Kind zu eigenen Darstellungen.

Komm, du lieber süßer Wicht,
hab' keine Angst, erschrecke nicht.
Schließe deine Augen zu
und fühle, was ich mit dir tu.
Ist das Kitzeln nicht zum Lachen?
Paß auf, gleich folgen and're Sachen.
Hui, da krabbelt's im Gesicht,
ach, wie gerne streich'le ich dich,
und nun kribbelt's an der Nas',
an Mund und Augen macht's auch Spaß,
jetzt kommen noch die Ohren dran,
mal sehen, wie's weitergehen kann?

Kribbel, krabbel, schleicht die Schnecke
ganz langsam um die Ecke,
sie ruht sich, ei der Daus,
unter deinem Hälschen aus.
Sie gibt zum guten Schluß
dir einen dicken Kuß.
Dann kriecht sie in ihr Schneckenhaus
und schläft sich bis zum Morgen
(Mittag, Abend) aus.
Wollen wir sie suchen?

Wind- oder Pustespiele

Pusten mit und ohne Strohhalm macht Spaß, wenn dadurch Federn, Watte oder leichtes Papier über den Tisch fliegen. Welch ein Gefühl ist es, wenn Sie sich gegenseitig auf die nackte Haut oder ins Gesicht blasen. Auch Tücher machen Wind, wenn sie auf- und abgeschwungen werden. Leichte Tücher können durch kräftiges Blasen in die Luft geweht werden. Besonderen Spaß macht es, wenn man sich durchsichtige Tücher über das Gesicht legt und damit durch den Raum rennt. Kuschelig wird's, wenn man im Sommer oder vor dem Baden nackt,

oder wenig bekleidet, unter ein großes Tuch kriecht und dabei geheimnisvoll flüstert. Eine andere Person entfernt das Tuch mit freudigem Entdecken und löst mit frohem Lachen die Spannung auf.

Tastspiele für nackte Füße

Fordern Sie Ihr Kind auf, mit nackten Füßen über unterschiedliches Material zu laufen oder zu krabbeln. Dabei können Sie entweder ein Auto, ein Motorrad oder ein Flugzeug auf entsprechenden Taststraßen imitieren.

Taststraße
Eine 20 bis 30 cm breite Latte oder Brett wird mit verschiedenen Teppichresten, Kunstrasen, Fell, Sandpapier, Schaumstoff, Wellpappe, Leder usw. beklebt.

Staunen wird Ihr Kind, wenn es mit Händen oder nackten Füßen unterschiedliche Temperaturen fühlen kann. Füllen Sie dazu einmal Eiswürfel in Plastiktüten, und dann warmes und kaltes Wasser in eine Wärmflasche. Ein Schwamm kann trocken oder naß, ein feuchter Waschlappen warm oder kalt sein. Im Sommer können Sie auch zwei Schüsseln mit warmem und kaltem Wasser auf den Balkon oder in den Garten stellen.

Vielleicht erfinden Sie dazu gemeinsam kleine Geschichten. *Zum Beispiel:* Wir machen jetzt einen Spaziergang mit den Händen oder Füßen. Hui, wie ist das kalt (mit Händen oder Füßen über den Eiswürfelberg laufen). Jetzt kommen wir an einen See (Schüssel mit warmen oder kaltem Wasser). Danach laufen Hände oder Füße über einen Wanderweg in Form eines trockenen Handtuches oder über einen feuchten Waschlappen (kalt und warm), und plötzlich muß da noch eine Barriere in Form eines nassen oder trockenen Schwammes mit den Fingern oder Zehen weggeräumt werden... usw. Auch ein Wanderlied darf dazu gesungen werden:

> *Das Wandern ist der Kinder Lust,*
> *das Wandern ist der Kinder Lust,*
> *das Wandern!*
> *Wir laufen über Stock und Stein*
> *und fühl'n mit Fuß und Händen fein*
> *und wollen dabei fröhlich sein,*
> *beim Wandern, beim Wandern,*
> *beim Wandern.*

Der schiefe Turm

Dieses Spiel läßt sich überall durchführen. Zuerst legen Sie die flachen Hände,

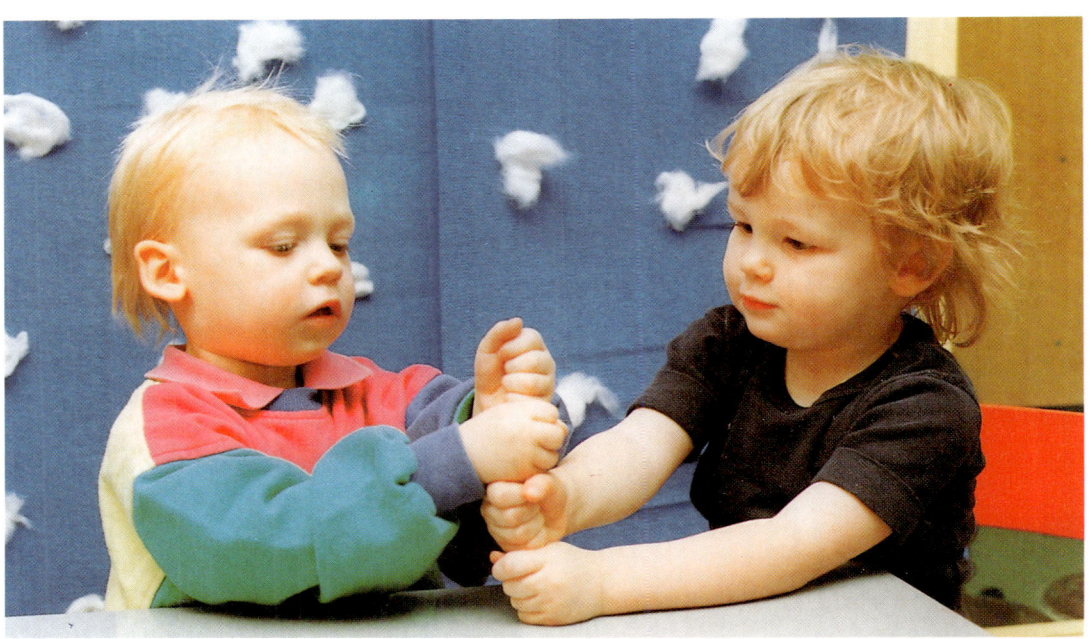

später dann die Fäuste, abwechselnd übereinander. Oben angekommen wundern Sie sich über den schiefen Turm. Dann kommt ein Sturm und alle müssen kräftig blasen. Der Turm kracht zusammen, indem unter lautem Jubel die Hände weggezogen werden und durcheinander auf den Tisch fallen. Lustig ist es auch, dieses Spiel mit den Füßen zu spielen. Dazu paßt folgender Vers:

Hallo, ihr Hände (Füße),
wer seid ihr denn?
Ich heiße (Name des Kindes), *und ich heiße* (Name eines anderen Kindes).
Jonas und Julia bauen jetzt ein Haus,
Ach herrje, wie schaut das nur aus?
Schon beim ersten Sturm, wie dumm,
(kräftig pusten)
wackelt es und fällt dann um...

Autos aus Nagelbürsten

Billige Nagelbürsten, möglichst an beiden Seiten mit Borsten versehen, bilden Bauelemente, die ganz leicht übereinander gestapelt werden können, ohne daß sie immer gleich wieder umkippen. Sie können aber auch mit etwas Phantasie zu rutschenden Autos umfunktioniert werden, wenn kleine Papprollensegmen-

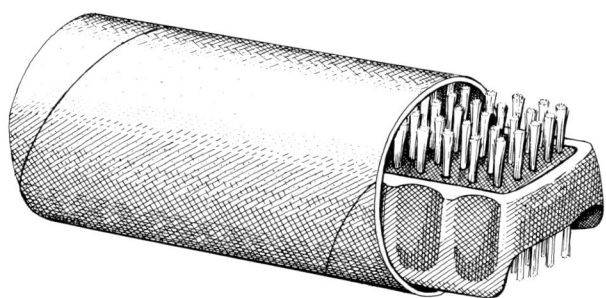

te als Passagiere in die Borsten gedrückt werden. Die borstigen Autos können auch durch Papptunnel (leere Papprollen) geschoben werden, wozu Geschicklichkeit der Hände gefordert wird.

Wo ist denn das Auto,
wo ist es versteckt?
Hurra, da ist's ja wieder,
vorbei ist nun der Schreck!

Schneeballschlacht

Ein herrliches Tobespiel, das nicht nur im Winter Spaß macht, ist die Watte- oder Papierballschlacht. Mit viel Watte, Papier (Pergamentpapier, Zeitungspapier usw.) oder anderem Verpackungsmaterial wie beispielsweise Styroporschnipseln wird's besonders toll. Zuerst rieseln die Schneeflocken durch den Raum, wobei Sie sich, damit die Flocken luftig fallen, auf einen Stuhl stellen können. Größeres Papier wird vorher in kleine Schnipsel gerissen. Anschließend kann bei einer Schneeballschlacht die Erfahrung gesammelt werden, wie unterschiedlich sich Watte oder Papier zu Bällen formen lassen. Zum Schluß darf in den Watte-Papierberg gesprungen werden.

Tastkasten

In einen stabilen Karton werden zwei Löcher geschnitten, durch die nur die Hände passen, sonst aber nichts gesehen werden kann. Nun werden unterschiedliche, dem Kind bekannte Dinge, wie kleines Auto, Schmusetier, Apfel, Nuckel, usw. zuerst einzeln, dann mehrfach in den Karton gelegt. Dem Alter entsprechend wird der Schwierigkeitsgrad erhöht und auch Kaltes, Warmes, Rauhes, Weiches usw. zum Tasten und Raten dazu genommen. Dadurch wird die taktile Wahrnehmung spielerisch angeregt. Im Wechsel darf mal das Kind, mal der Erwachsene der Ratende sein.

Noch einfacher geht's mit einem Tuch. Anfangs darf das Kind zuschauen, welche Dinge unter das Tuch gelegt werden. Erst wenn es das Spiel durchschaut hat, dürfen mehrere (nicht mehr als zwei oder drei) Sachen unter das Tuch gelegt werden. Der Reiz des Spieles liegt im guten Beobachten und genauem Tastvermögen und der Fähigkeit zu beschreiben, was da gefühlt wird.

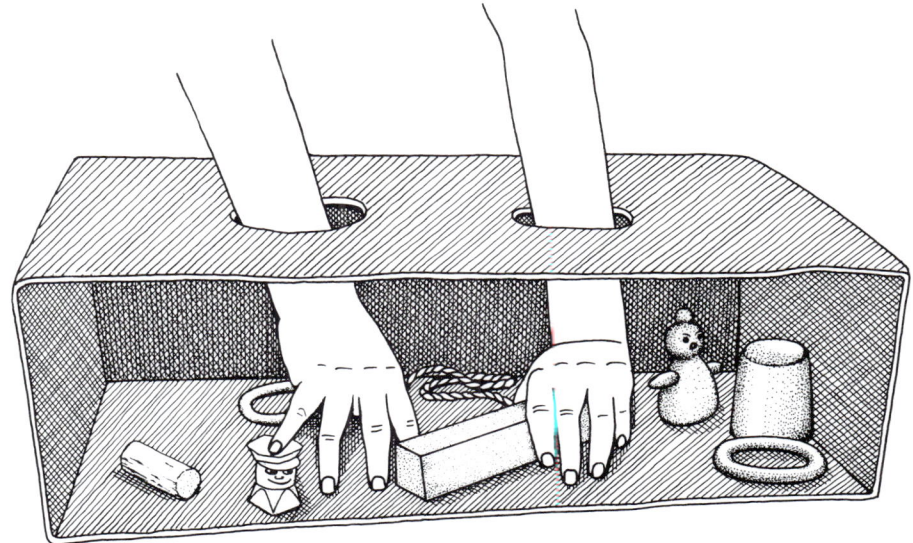

Schaukel- und andere Tobespiele

Schaukeln, das schon Babys als ein besonderes sinnliches Vergnügen empfinden, ist auch im zweiten Lebensjahr noch spannend und interessant. Mit wachsendem Alter kann das Schaukeln oft nicht temperamentvoll genug sein. Beim älteren Kind kann das Schaukeln zur Entspannung führen, wenn es in ruhiger Atmosphäre, zum Beispiel in einer Hängematte, sanft wiegend träumen kann. Meist aber wird das Schaukeln als willkommenes Tobespiel verstanden, zu dem ein wenig Mut, ein gutes Gleichgewichtsempfinden sowie eine stabile Körperbeherrschung gehören. Es macht einfach Spaß, mit dem Körper Balance zu halten, Bewegungen zu koordinieren, den Körper zu spüren und beherrschen

zu lernen. Hellwach und voller Spannung erleben Kinder die unterschiedlichen Schaukelspiele, wobei sie dazu gesprochene oder gesungene Verse und Lieder gut aufnehmen können. Besonderen Reiz haben Schaukelspiele dann, wenn mehrere Personen anwesend sind.

Schaukelspiel in der Decke

Dieses Vergnügen läßt sich leicht als Familien- oder Gruppenspiel mit wenig Aufwand durchführen. Zwei Erwachsene halten ein Laken oder eine Decke an den äußeren Ecken gut fest, indem sie die Längsseiten etwas spannen. Nun können je nach Gewicht ein, zwei oder drei Kinder in der Mulde Platz nehmen und auf geht's mit »Gesang«…

Hoch will ich schaukeln,
hoch will ich schaukeln, 3x hoch.
Sprechen: *1-2-3- hoch!*

Weit will ich fliegen,
weit will ich fliegen,
ach, soooo weit!
Sprechen: *1-2-3-ssssit!*

Anhalten muß ich,
anhalten muß ich,
ach, wie schad!
Sprechen: *1-2-3-der Nächste* (Name des Kindes) *kommt herbei.*
(Schaukellied nach der Melodie: »Hoch soll er leben«.)

Wir schaukeln — Volksweise, Nach der Melodie: Es regnet

Wir schau-keln, wir schau-keln, wir schau-keln auf und ab. Und wer ge-nug ge-schau-kelt hat, den wer-fen wir hin-ab.

Schaukeln auf den Händen von zwei Erwachsenen

Dazu werden keinerlei Hilfsmittel benötigt und das Spiel kann fast überall durchgeführt werden. Damit es beim Herauspurzeln keine Tränen gibt, empfehlen wir Ihnen das Schaukeln über Matratzen, Decken, Kissen oder einem weichen Teppich und im Garten oder Park über dem Rasen.

Die Erwachsenen fassen sich an beiden

Händen. Je nach Alter setzt sich das Kind auf eine der Handflächen von den Erwachsenen, wodurch die freien Arme dem Kind eine Rückenlehne bieten. Das ältere Kind setzt sich auf beide Handflächen ohne Rückenlehne, wobei es sich gut an den Armen der Erwachsenen festhalten muß. Das Kind genießt vor allem den engen Bezug zu den Erwachsenen und schaukelt, je nach Temperament, zwischen diesen hin und her und auf und ab.

Hin und her, seefahrn ist nicht schwer.
Ich fühl' mich wie ein Steuermann
auf großer Fahrt im Segelkahn,
auf und ab geschwind,
so treiben wir im Wind.
(Melodie: »Hopp, hopp, hopp, Pferdchen lauf Galopp«.)

Ganz leicht können Wäschekorb, Baby-badewanne, ein Karton usw. zum schau-kelnden Boot werden und lassen sich wiegend mit phantasievollen Geschich-ten oder lustigen Seemannsliedern ver-binden.

Ich schaukel auf dem Wasser

Melodie: „In einem kleinen Apfel"
Text: Autorinnen

Ich schau-kel auf dem Was-ser, mal auf und auch mal ab. Mein Boot, das fährt mich si-cher, der Wind treibt mich nicht ab.

Ich strecke meine Arme
wohl zu den Fischen hin,
ich winke mit den Händen,
weil ich so fröhlich bin.

Mein Boot erreicht den Hafen,
ich hol' die Segel ein,
der Wind fängt an zu blasen,
und ich lauf' blitzschnell heim.

Kahnfahrt

Eine Luftmatratze, Wickelauflage oder dünne Schaumstoffmatte kann mit Hilfe von großen Reifen (Hula-Hoop, Wasser-schlauch, Fahrradreifen) zu einem Kahn umfunktioniert werden. Mindestens zwei Reifen werden über die Matte gezogen, wodurch eine Mulde entsteht. Nun kann sich der kleine Kapitän im Stehen an den Reifen festhalten, und durch die Verla-gerung seines Gewichtes das Boot in Schwung bringen. Kleinere Kinder kön-nen im Sitzen oder Liegen durch den Erwachsenen ins Schwanken gebracht werden. Dieses Spiel eignet sich beson-ders gut für Gruppen oder Kinderfeste.

Kettenkarussell

Hierbei kann das Kind wie im Karussell durch den Raum schweben. Der Erwachsene umfaßt mit einer Hand den Oberschenkel und mit der anderen den Oberarm des Kindes. (Bei größeren Kindern können auch Unterschenkel und Unterarm genommen werden.) Nun dreht sich der Erwachsene erst langsam, dann immer schneller, so daß das Kind, der Schwerkraft entsprechend, mit Körper und freien Armen nach außen fliegt. Vorsicht, hierbei kann auch dem Erwachsenen leicht schwindelig werden. Außer einer guten Körperbeherrschung bekommen auch ängstliche Kinder mehr Selbstvertrauen.

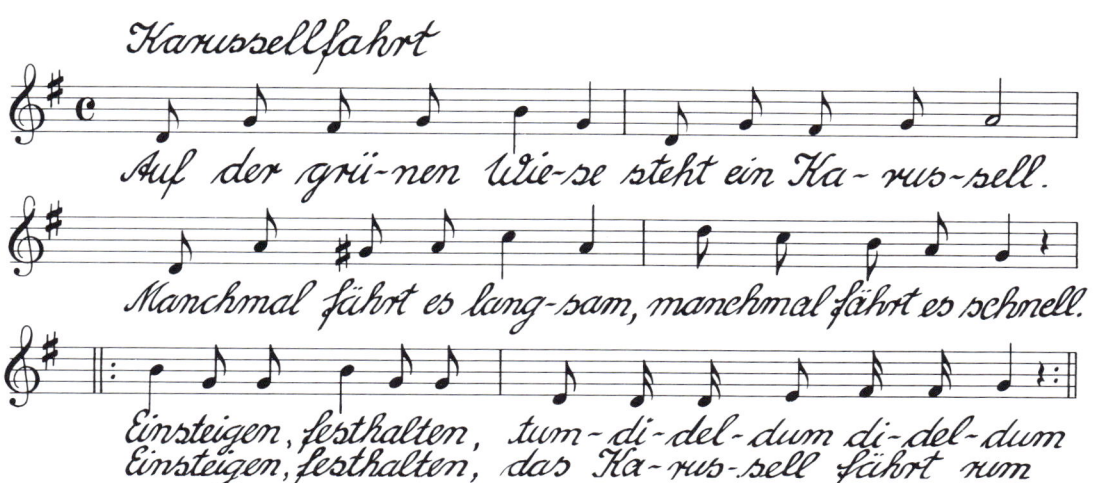

Karussellfahrt

Auf der grü-nen Wie-se steht ein Ka-rus-sell.
Manchmal fährt es lang-sam, manchmal fährt es schnell.
Einsteigen, festhalten, tum-di-del-dum di-del-dum
Einsteigen, festhalten, das Ka-rus-sell fährt rum

Ballspiele

Bälle regen auf vielfältige Weise immer wieder zu neuen Spielideen an. Ob Leder, Stoff, Gummi oder Plastikball spielt zunächst noch keine so große Rolle, wenn das krabbelnde Baby dem rollenden Ball hinterhersaust und dadurch ein gutes Raumgefühl bekommt. Mit wachsendem Alter werden Kinder auf verschiedene Art ihre eigenen Ballspiele entwickeln und ausprobieren. Einen Ball richtig zu werfen und zu fangen, lernt ein Kind meist erst mit zwei Jahren; die meisten Kinder benötigen dazu Ermunterung und ausreichende Spielmöglichkeiten. Damit es auch in engen Stadtwohnungen keine Konflikte mit Nachbarn gibt, sollten Soft-Tischtennis-, Stoff-, Woll-, Tennis- oder Gummibälle sowie Wasserbälle oder Luft-

ballons bevorzugt werden. Lederbälle und große Gummibälle sind eher für draußen bestimmt.

Für »Krabbler« eignen sich Wasserbälle oder Luftballons, die durch den Raum gestupst oder gekickt werden. Manchmal haben kleinere Kinder Schwierigkeiten, Bälle wieder abzugeben. Sie behalten den Ball, und es dauert eine Weile, bis sie das Spiel verstehen. Geduld und Wiederholungen sowie das folgende Spiel sind dabei hilfreich:

Vater und Mutter oder zwei Erwachsene setzen sich gegenüber und nehmen das Kind auf den Schoß. Nun wird der Ball hin- und hergerollt, bis auch das Kind seinen Spaß daran hat und voller Spannung den Ball erwartet.

Ein Wasserball oder ein großer Luftballon wird mit einem langen Gummiband an einer Wäscheleine aufgehängt. Nun darf das Kind dagegen schlagen, boxen oder treten. Das Treffen und Hergeben ist jetzt leichter, da der Ball immer wieder zurückkommt. Ein Lied dazu gesungen macht den Spaß komplett.

Laßt die Fäuste boxen…
Laßt die Hände schlagen…
Laßt die Füße treten…
(Melodie: »Komm, wir wollen tanzen«, S. 32.)

Beim Fußballspiel werden Kinder, die noch nicht laufen können, unter den Achseln gehalten und kickend geht's durch den Raum. Noch mehr Spaß macht's mit einem Partner, der den Ball pariert.

Mit größeren Kindern kann man sich gegenseitig den Ball mit Händen oder Füßen zurollen, wobei jeweils der Name des nächsten Spielers, der den Ball bekommen soll, genannt wird.

Mit einem Holzstab, einer langen leeren Papprolle oder einem aus Zeitungspapier gerollten Schläger kann man versuchen, Bälle durch den Raum oder durch einen Papptunnel (Karton ohne Boden) zu schieben. In einer Gruppe ist es auch lustig, wenn mehrere Personen hintereinander, mit gegrätschten Beinen aufgestellt, eine Zielbahn für den Ball darstellen. Einen Ball um ein oder mehrere Hindernisse, wie Karton, Tisch oder Stuhl zu bugsieren, sieht oft leichter aus, als es ist, und vermittelt dem Kind ein gutes Orientierungsempfinden.

Ein Kriechtunnel (gekauft) kann leicht zu einer »Ballbahn« verwandelt werden, doch es ist schon etwas Übung nötig, um mit dem Ball in die Öffnung zu zielen.

Noch einfacher wird das Zielen, wenn ein Reifen oder Schlauchring (Bastelanleitung auf Seite 48) dem Kind in entsprechender Entfernung so gehalten wird, daß es seinen Ball leicht hindurchwerfen kann.

Größere Kinder können versuchen, einen Ball oder Luftballon auf dem Kopf zu halten und damit durch den Raum zu laufen oder über ein Seil oder eine Bank zu balancieren. Wenn sie sich hintereinander aufstellen, können sie versuchen, den Ball über dem Kopf zum Nächsten weiterzugeben.

Eine schiefe Ebene kann durch ein Brett oder Bügelbrett, das an einen Stuhl gelehnt wird, entstehen. Um Unfälle zu vermeiden, muß das Brett am Stuhl befestigt oder festgehalten werden. Herrlich, wie die Bälle nun rollen können. Manchmal möchte das Kind diese Rutschbahn auch selbst ausprobieren.

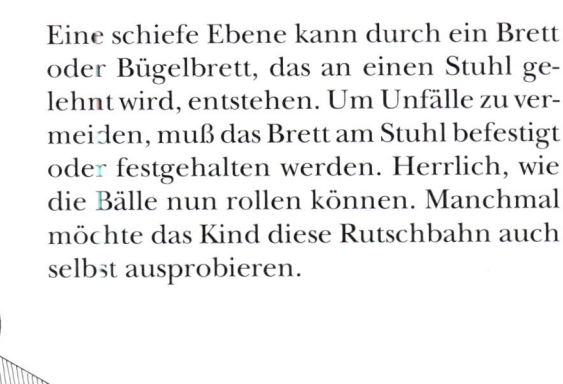

Durch längere Papprollen, die mit Klebeband schräg an Wand oder Stuhl befestigt werden, lassen sich wunderbar Pingpong-Bälle durchstecken, die am anderen Ende mit einer Blechdose aufgefangen werden (klappert schön) oder aber auf den Boden prasseln. Dabei muß ein Kind sich gut konzentrieren, um mit dem Ball in die kleine Öffnung zu zielen. Die Papprollen können bemalt oder beklebt werden.

Wanne, Papierkorb, Karton oder Eimer bieten gute Zielmöglichkeiten, um die Treffsicherheit ganz spielerisch zu verbessern. Auch das Werfen eines Balles durch einen aufgehängten Reifen (Fahrradreifen, Hula-Hoop oder selbstgebastelten Perlenreifen aus durchsichtigem Wasserschlauch) erfordert Konzentration und Geschicklichkeit. Dabei kann der Abstand zum Reifen je nach Können vergrößert werden.

Erste Kegelversuche können mit Plastikflaschen, die mit wenig Wasser gefüllt sind, gemacht werden. Mit einem nicht zu kleinen Ball darf um die Wette gekegelt werden. Feste Gummibälle oder schwerere Lederbälle eignen sich dazu besonders gut. Die Flaschen können auch mit etwas Sand, einigen Steinen oder Murmeln gefüllt werden. Sie dürfen nur nicht zu schwer sein. Wichtig ist noch nicht die Treffsicherheit, sondern die Freude, wenn ein oder zwei Kegel (Flaschen) umfallen.

Ein Spielspaß, der Spannung mit Bewegung verbindet und Große wie Kleine gleichermaßen in den Bann zieht, bereitet der *Balltanz*:

Dazu werden eine leichte Gardine, eine Tischdecke oder ein größeres Tuch und möglichst viele Tischtennisbälle benötigt. Die Bälle werden in das Tuch geschüttet. Erwachsene und Kinder halten das Tuch gemeinsam fest und rütteln zunächst daran. Beim Kommando »1-2-3 hoch« wird das Tuch nach oben geschwungen und weggezogen. Die Bälle fliegen in die Luft und regnen mit lautem Geprassel auf den harten Boden herab (auf Teppich oder Rasen gibt es kaum Geräusche). Fleißige Sammler flitzen und sammeln die Bälle in den Korb, der wieder in das Tuch entleert wird. Ein herrlich berauschendes Gefühl kann das Wühlen und Rühren in den raschelnden Bällen hervorrufen, bevor sich der Ballregen wieder und wieder über die Spieler ergießt, die unermüdlich springen und sammeln – ein Höhepunkt für jedes Kinderfest. Als Schneeflocken können sich viele Styroporschnipsel (Verpackungsmaterial) verwandeln, wenn sie statt der Bälle im Tuch in die Luft geschwungen werden. Geschickte Hände werden zum Aufsammeln gebraucht, um es erneut schneien zu lassen. Ein Spiel, das sich auch für hellhörige Stadtwohnungen eignet. Dazu paßt das Lied nach der Melodie »Komm, wir wollen tanzen…«:

Laßt die Bälle tanzen, tanzen, tanzen,
laßt die Bälle tanzen.
Eins, zwei, drei und hoch… (sprechen)

2 – Laßt die Bälle fliegen…
3 – Laßt die Bälle hopsen…

Komm, wir wollen tanzen…

Komm, wir wol-len tan-zen, tan-zen, tan-zen, komm wir wol-len tan-zen, 1-"klat-schen in die Hand!" Tra-la-la, Tra-la-la, tan-zen, das ist wun-der-bar. Tra-la-la, Tra-la-la, tan-zen ist so wun-der-bar!

Die pfiffige Murmelbahn

Murmeln, Klicker, Bucker, die glitzernden bunten Glaskugeln bereiten Kindern immer wieder einen Heidenspaß. Kugelbahnen sind deshalb bei den Kleinen und Größeren sehr beliebt. Eine besonders stabile und lustige Form, die nur wenig kostet, können Sie leicht selber basteln.

Dazu brauchen Sie:
Murmeln (für größere Kinder eignen sich auch Perlen oder Erbsen),
einen Hocker oder Kindertisch,
3 1/2 m durchsichtigen Wasserschlauch, Durchmesser 25 mm (erhältlich im Baumarkt oder Gartencenter),
Klebeband (evtl. farbig) zum Fixieren des Schlauches,
Auffanggefäß für die Murmeln (Blechdose, Keksdose, Milchpulverdose).

So wird's gemacht:
Der Schlauch wird um den umgedrehten Kindertisch oder Hocker (Beine zeigen nach oben) in mehreren Serpentinen mit Klebeband befestigt. Als Auffangschale für die Murmeln dient eine Blechdose oder ein anderer Behälter, der scheppern sollte, wenn die Murmeln hineinpurzeln. Achten Sie darauf, daß das leichte Gefälle nicht verrutscht,

wenn Sie den Schlauch befestigen. Schon das Zuschauen fasziniert, wenn die Glitzerdinger auf dem Weg nach unten mit den Augen verfolgt werden. Dieses Spiel steckt voller Bewegungsanreize wie bücken, strecken, drehen, aufstehen... Eine Herausforderung an Fingerfertigkeit und Konzentrationsvermögen ist das Hineinstecken der Murmeln in die kleine Schlauchöffnung. Findet das Spiel in der Gruppe statt, muß auch Geduld geübt werden; es dauert, bis man »dran« ist. Schon die Kleinsten verfolgen

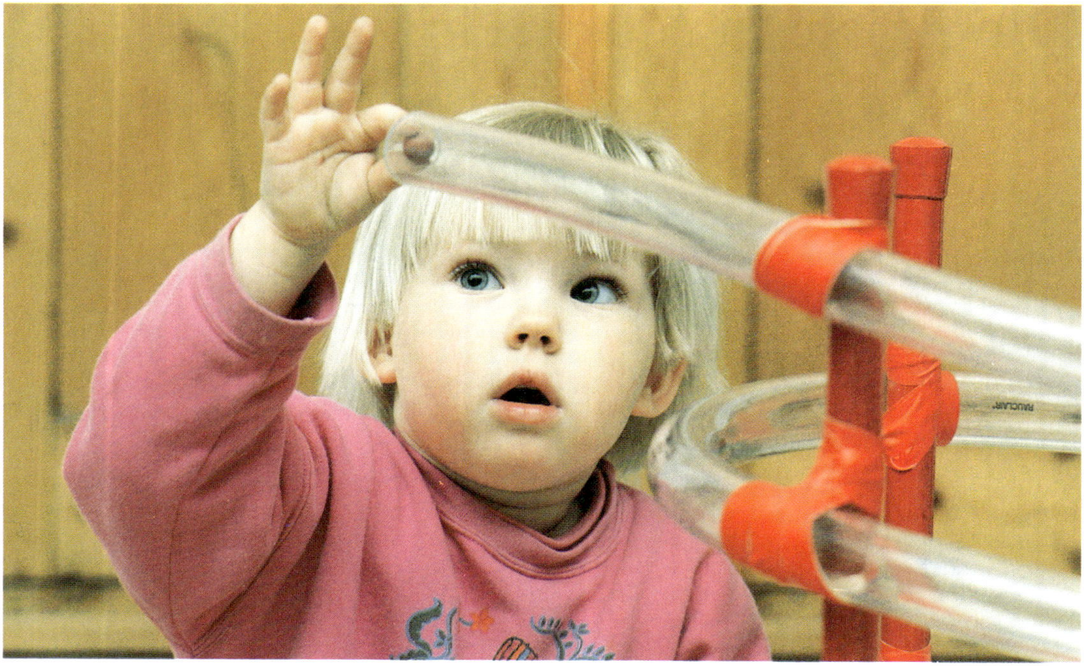

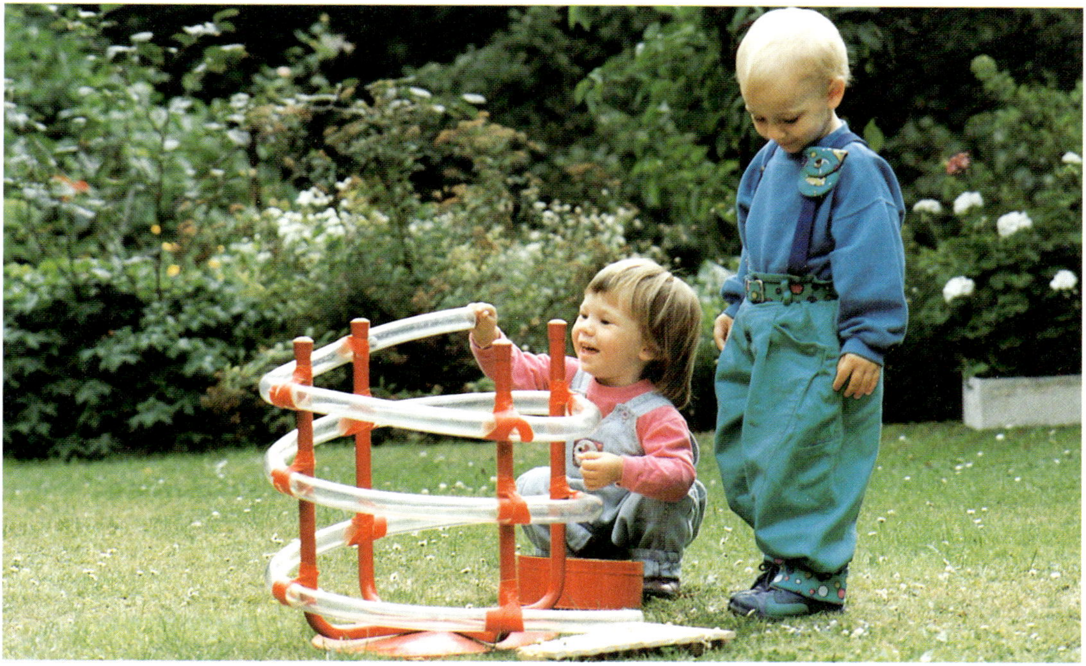

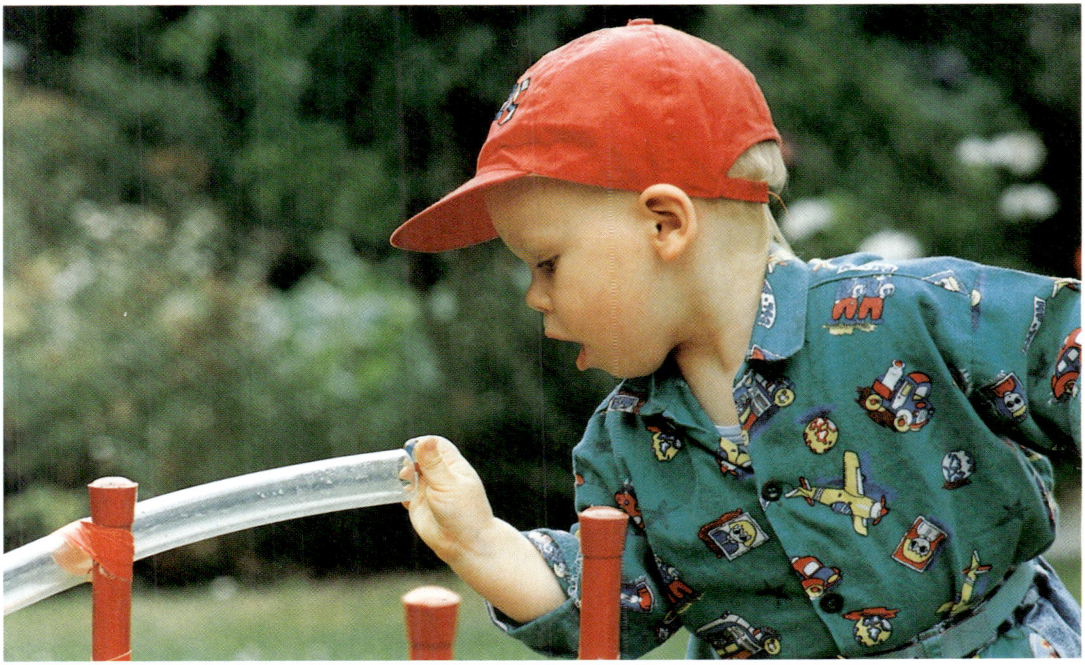

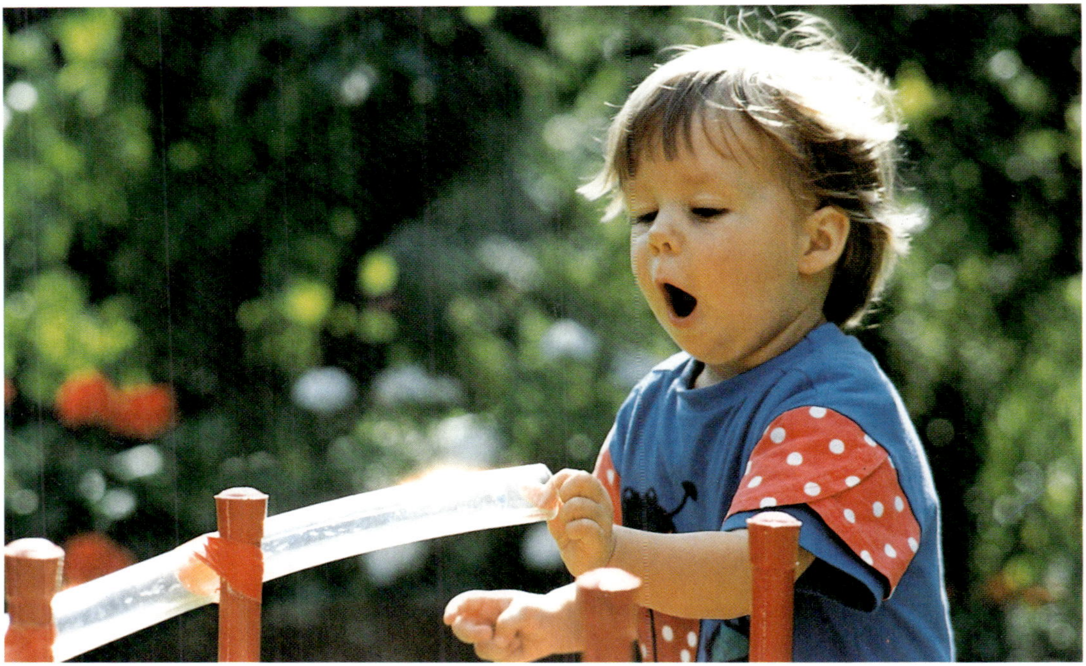

unermüdlich den Lauf der Murmeln, lassen sie allerdings auch zu gern im Mund verschwinden. Behalten Sie daher alle Kinder im Auge.

Die Überraschungskugelbahn

Ein Spiel, das neugierig macht und viel Spannung erzeugt, ist die aus einem Karton leicht nachzubauende Variante.

Dazu brauchen Sie:
Einen flachen, größeren Karton, am besten eignet sich ein Stiefelkarton (Schuhgeschäft), Klebstoff, Farbe zum Anmalen oder Klebefolie.

So wird's gemacht:
In größeren Abständen werden etwas versetzt Löcher in den Karton geschnitten, die etwas größer als die Murmeln sein sollten. Dann wird der Deckel schräg in den Karton geklebt, so daß an dem einen Ende ein Tal und am ande-

ren Ende ein Berg entsteht. In das eine Seitenteil wird eine Tür geschnitten, damit die Murmeln rausgenommen werden können. Und nun kann's rollen oder purzeln!
Zuerst kann ein kleineres Kind auch versuchen, die Murmeln in die Öffnungen zu stecken, wozu Fingerfertigkeit und Konzentration erforderlich sind. Größeren Kindern macht es Spaß, die Kugeln bis ins Tal zu rollen, ohne daß sie vorher in den Abgrund stürzen. Bei diesem Spiel lernen Kinder, Enttäuschungen hinzunehmen, wenn die Kugel ganz anders rollt, als sie es gern hätten, und Versuche zu wiederholen. Die Kugelbahn kann beklebt oder angemalt werden, was größere Kinder schon sehr gern selbst machen.

O Schreck, o Schreck,
jetzt ist die Kugel weg.
Hurra, hurra, da rollt sie ja…
Ich stecke sie gleich nochmal rein,
sie rollt und rollt, ach, ist das fein!

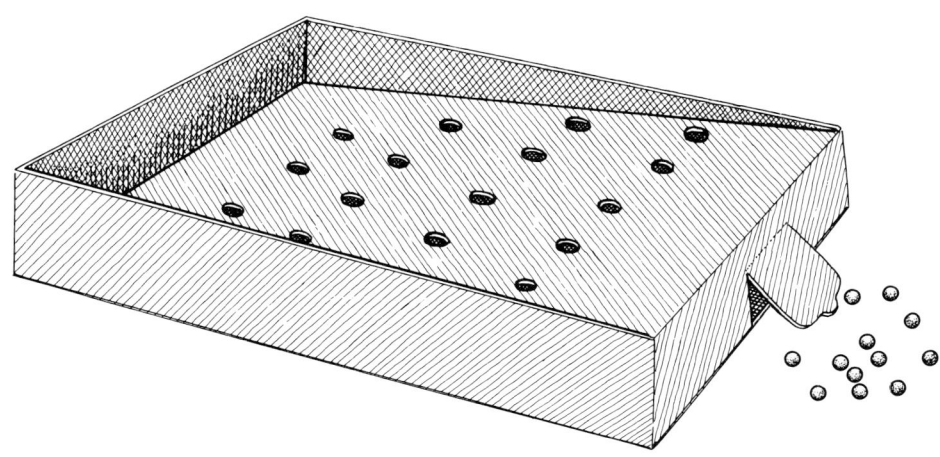

Einfache Turnspiele

Krabbeln, Kriechen, Laufen, Hüpfen, Rutschen, Klettern, Schaukeln und Springen, sind gute Voraussetzungen, sich auf vielfältige Weise zu bewegen, und halten Körper und Seele in Schwung. Einfache Turn- und Bewegungsspiele werden schon von den Kleinsten geliebt, da sie Körpererfahrungen mit Nähe verbinden, die Selbstvertrauen und Körperbeherrschung stärken.

Kleine Wohnungen und ungünstige Witterungsverhältnisse hemmen Kinder oft in ihrem natürlichen Bewegungsdrang. Um so mehr freut sich Ihr Kind über Spiele, die auch bei wenig Platz möglich sind. Tische, Stühle, Matratzen, Kissen, Wäscheleinen, Wolle, Kisten, Kartons oder Besenstiele sind hervorragende Requisiten zum Turnen.

Leicht bekleidet, in nicht zu warmer Raumtemperatur (20 Grad C), kann sich der kleine »Turner« besonders gut bewegen. Nackte Füße und Zehen können besser tasten und greifen, und ein Fuß, der in Bewegung ist, kühlt nicht so schnell aus. Schwitzende Kinder erkälten sich leicht und bewegen sich ungern. Natürlich darf im »Turnzimmer« keine Verletzungsgefahr bestehen und erhöhte Aufsicht ist nötig.

Krabbelmäuschenspiel

Kinder, die schon laufen können, werden hierbei ganz spielerisch zum Krabbeln und Kriechen ermuntert. Dabei werden Wirbelsäule und Beine entlastet. Auch Kinder, die nie gekrabbelt sind, lernen bei diesem Spiel Entfernungen richtig einzuschätzen.

Mehrere Stühle, Hocker und Kartons werden hintereinander aufgestellt und auf geht's zur »Mäusejagd«. Die Katze miaut und krabbelt hinter dem piepsen-

den Mäuschen her. Weiter geht's unter die aufgestellten Stühle, wobei das Mäuschen mit einem Spielzeug, wie mit einem Käse, in die »Falle« gelockt wird.

Aus großen Kartons wird der Boden entfernt. Das Mäuschen hat nun ein Nest, in das es krabbeln kann. (Große Kartons gibt es im Möbelfachgeschäft oder beim Kaufmann.) Zwei Fenster bringen Licht in das Innere des Kartons. Jetzt kann das Kind sogar ein- und aussteigen.

Aus mehreren, hintereinander aufgestellten Kartons, deren Böden entfernt wurden, kann ein langer Tunnel entstehen, und es gehört schon ein wenig Mut dazu hindurchzukrabbeln. Vielleicht hilft das beliebte Kuckucksspiel, den Weg durch den Tunnel zu bewältigen. (Einen fertigen Tunnel gibt es im Fachhandel.)

Schnell wird auch aus einer Stuhlreihe eine »Mausehöhle«, wenn über die Stühle Decken gelegt werden.

Aus losen Polstern von Sesseln oder Sofas, aus Kissen und Matratzen können ebenfalls Höhlen und Häuschen gebaut werden, indem sie wie ein Dach zusammengestellt werden. Welch ein Jubel, wenn das Dach beim Durchkrabbeln einstürzt.

Wenn Sie die Hindernisse von Mal zu Mal verändern, entstehen Kurven und unterschiedliche Höhen.

Sind mehrere Erwachsene beim Krabbelspiel anwesend, können sie, hintereinander mit gegrätschten Beinen aufgestellt, ebenfalls einen »lebenden Tunnel« bilden. Das »Mäuschen« krabbelt durch die gegrätschten Beine oder ein Ball oder Luftballon wird von einer Seite zur anderen gerollt. Alternativ können mehrere Hula-Hoop-Reifen hintereinander gehalten durchkrabbelt werden.

Gemütlich wird eine Verschnaufpause, wenn sie mit einer Geschichte oder entsprechenden Versen untermalt wird.

In unseren Häuschen
sind schrecklich viele Mäuschen,
sie trippeln und trappeln,
sie zippeln und zappeln,
sie stehlen und naschen,
und will man sie haschen –
husch, sind sie weg!
(Am Anfang mit den Fingern auf dem Tisch die Mäuschen imitieren. Bei »husch, sind sie weg!« in die Hände klatschen.)

Oder Sie fragen singend:

Wie spricht die Katze (Maus, Hund, Vogel usw.),
Wie spricht die Katze,
wer sagt's mir?
Wer sagt's mir?
Miau, miau, miau,
miau, miau, miau.
So spricht die Katz,
so spricht die Katz.
(Nach der Melodie von »Bruder Jakob«.)

In einem kleinen Häuschen,
da krabbeln viele Mäuschen,
da kommt die freche Katz'
und fängt mit einem Satz
die kleinen Kribbel-, Krabbelmäuschen.
(Finger über Arm und Körper krabbeln lassen.)

Da flitzt eine Maus
aus ihrem Haus,
da schleicht eine Katz',
macht einen großen Satz.
Doch das schnelle Mäuschen
rennt schwuppdiwupp ins Häuschen.
(Entsprechend dem Vers flitzen, schleichen und rennen.)

Häschen-Hüpf-Spiel

Matratzen aller Art laden zum Hüpfen, Balancieren, Laufen, Springen und Federn ein und bieten ideale Bauelemente für Häuser, Türme, Höhlen. Beim Laufen über unterschiedliche Matratzen (Federkern-, Schaumstoff oder nur wenig aufgeblasene Luftmatratze) muß das Kind sein Gleichgewicht besonders gut ausbalancieren, was auf einer wabbeligen Luftmatratze sehr schwierig ist. Anfangs wird es dazu beide Arme benutzen und trotzdem umfallen. Unermüdlich übt es das Aufstehen.

Beim Hopsen halten Sie das Kind zunächst an den Händen fest, bis es allein springen will. Versuchen Sie es auch zur Abwechslung mit einem Stab, Kochlöffel aus Holz, Besenstiel, Spazierstock, den Sie waagerecht halten. Fordern Sie das

Kind auf, diesen fest zu umgreifen, damit es besser federn kann, wenn es sich mit den Füßen abstößt.

Ziehen Sie das Kind aus der Ruhestellung langsam hoch. Dabei muß es den Stab gut festhalten. An einer »Reckstange« (Besenstiel), die von zwei Personen gehalten wird, geht das Schaukeln besonders leicht. Ein aufgestellter Kinderstuhl wird zum Absprungbrett, wenn man in weichen Kissen, Matratzen oder mit Styropor gefüllten Kissenbezügen landen kann. Wird der Absprung mit beiden Beinen gleichzeitig geschafft, ist das schon eine tolle Leistung.

Die Indianer können auch springen, laufen, hüpfen, reiten, winken, klatschen, tanzen, kriechen usw. und lassen sich am Schluß auf den Boden fallen.

Kraxelbär oder Klettermax

Beim Klettern auf Stühle, Tische, Sofas, Treppen und Leitern ist immer Vorsicht geboten, doch je mehr ein Kind üben kann, um so sicherer wird es. Zeigen Sie dem kleinen »Kletterkünstler«, wie er sicher auf dem Boden landet. Rückwärts geht es am leichtesten. Ein schräggestelltes Brett (Bügelbrett, Schrankbrett) oder das Seitenteil eines Kinderbettchens (Flohmarkt) als Minisprossenwand dient dem Kind zum Rauf- und Runterkraxeln. Der Schwierigkeitsgrad kann der Geschicklichkeit und der Freude am Spiel entsprechend gesteigert werden (zum Beispiel von Matratzen- bis Stuhlhöhe). Eine Treppe mit unterschiedlich hohen Stufen können Sie aus Kissen, Matratzen, Kisten und Kartons bauen.

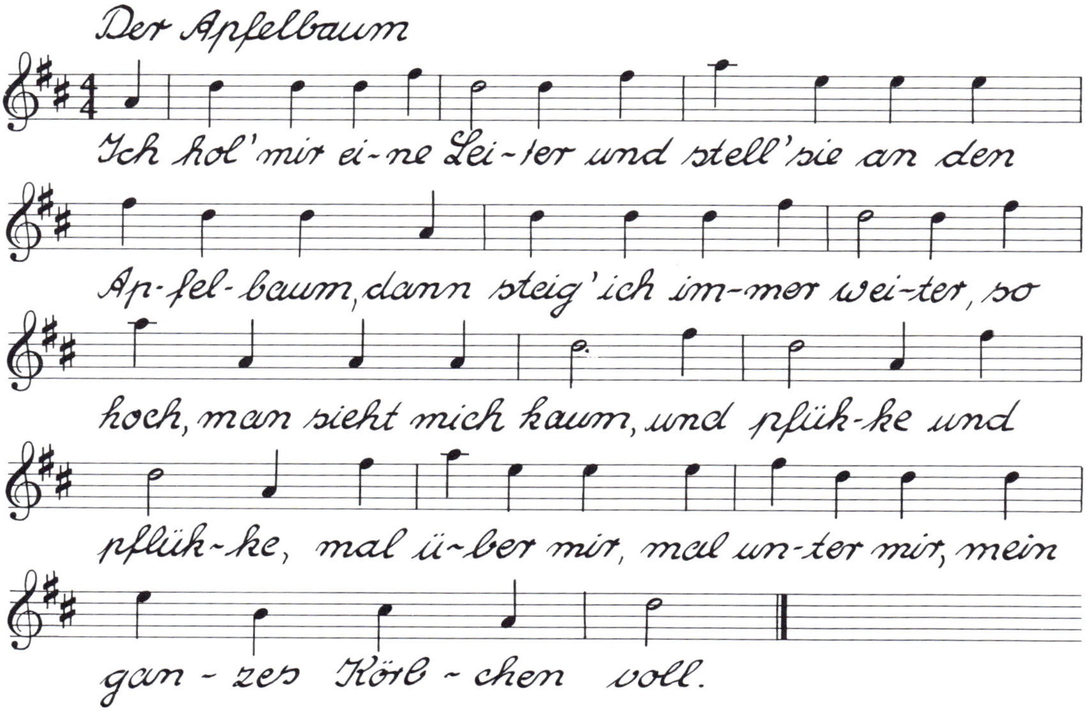

Der Apfelbaum

Ich hol' mir ei-ne Lei-ter und stell' sie an den

Ap-fel-baum, dann steig' ich im-mer wei-ter, so

hoch, man sieht mich kaum, und pflük-ke und

pflük-ke, mal ü-ber mir, mal un-ter mir, mein

gan-zes Körb-chen voll.

Auf einer kleinen Haushaltsleiter mit drei oder vier Stufen zu stehen, bedeutet für das Kind, so groß wie Mama oder Papa sein zu können. Durch das Klettern lernt es sein Körpergewicht aufwärts zu verlagern. Das Treppen- oder Leiterspiel ist eine gute Vorübung für die vielen Kletterpartien auf dem Spielplatz. Zur Begleitung eignet sich das Lied vom Apfelbaum.

Seiltänzer-Balance-Spiele

Dazu brauchen Sie einen Besenstiel (es geht auch ein vollständiger Besen), ein Seil, eine Wäscheleine, Wolle, ein schmales oder ein breites Brett, auch Klopapier eignet sich gut. Nehmen Sie zunächst eine Wäscheleine oder einen langen

Wollfaden und legen ihn quer durch den Raum. Wer schafft es nun, mit kleinen Trippelschritten darüber zu laufen? Zur Abwechslung können danach Kreise, Dreiecke, Quadrate oder Serpentinen gelegt werden. Hüpfen Sie gemeinsam mit dem Kind in den Kreis und wieder heraus.

Auf einem Brett, einer Latte oder einem Besenstiel kann der kleine Akrobat balancieren. Halten Sie ihn anfangs gut fest. Besonders lustig ist dieses Spiel mit mehreren Kindern, wenn Sie daraus eine kleine Zirkusnummer machen und entsprechender Beifall ertönt. Eine Steigerung des Schwierigkeitsgrades läßt sich dadurch erreichen, daß zwei Bänke oder Stühle, mit einem darüber gelegten Brett, nebeneinander aufgestellt werden. Diese Brücke bietet Gelegenheit zum Drüberlaufen und zum Durchkriechen. Wenn Sie die Latte oder das Brett mit unterschiedlichem Material bekleben oder belegen, zum Beispiel Grasteppich, hartem und weichem Teppichboden, Schleifpapier, Wellpappe usw., bekommen die kleinen Füße so ganz nebenbei etwas zu tasten.

Schräge Ebene

Aus einem Brett (Schrankbrett), ca. 150 bis 200 cm lang und 30 bis 40 cm breit (auch im Bastel- und Heimwerkermarkt erhältlich), entsteht eine Rutschbahn.

An einen Stuhl oder niedrigen Tisch
gelehnt oder mit zwei Haken versehen
(eingeschraubt) an die Sprossenwand
gehängt, wird daraus eine »Zimmerrut-
sche« für Regen- und Wintertage. Noch
leichter wird's, wenn ein Erwachsener
sich auf einen Stuhl setzt und das Brett
schräg an seine Knie lehnt. Das Kind
kann nun hinaufkrabbeln und herun-
terrutschen. Sind mehrere Kinder anwesend, sollte die Rutsche gut befestigt
und mit Matratzen oder Kissen rundherum gesichert werden. Mit Hilfestellung durch eine zweite Person kann das
Spiel noch besser durchgeführt werden.
Auf dem Spielplatz bereitet das zu Hause geübte Rutschen dann besonders viel
Spaß.

Auf der langen Rutsche
gleit' ich froh hinab,
gleit' ich froh hinab,
siehst du, liebe Mama (Papa),
welchen Spaß ich hab'!

Mal rutsche ich hinunter,
mal krabbel ich hinauf,
mal krabbel ich hinauf,
das stärkt meine Muskeln,
und Freude hab' ich auch!
(Melodie: »Alle meine Entchen«.)

Roß- und Reiter-Spiele

Dazu eignen sich Hula-Hoop-Reifen, Wasserschlauchreifen (siehe Bastelanleitung, S. 48), Fahrradschläuche oder -reifen, ein Springseil, ein langer Schal oder ein Gürtel.

Mit »Schnalzen und Wiehern« geht's auf zur Kutschfahrt. Legen Sie Reifen oder Seil in Achsel- oder Taillenhöhe um den Körper des Kindes, so daß Sie – der Kutscher – Seil oder Reifen gut am Rücken des Kindes festhalten können. Nun geht's mit »Hü und Hott« durch die ganze Wohnung. »Brrr, anhalten« und dann wird gewechselt. Sie sind das Pferd und der Kutscher zeigt, wo es lang geht. Sicher sind Sie ein gutes Gespann.

Auch auf Ihrem Rücken sitzt der kleine Reiter sattelfest, wenn er sich an Reifen, Tuch oder Seil gut festhalten kann, das Sie sich vor dem ersten »Ausritt« in Achselhöhle umlegen (Seil muß verknotet sein). Im Galopp geht's dann geradeaus, um Kurven und Ecken. Schaukeln Sie dabei mal nach rechts, mal nach links, mal vor und zurück, mal auf und mal ab und halten Sie ruckartig an, wobei der Reiter vorsichtig abgeworfen wird. Hierbei wird nicht nur die Reaktionsfähigkeit, sondern auch das Gleichgewichtsorgan im Ohr spielerisch trainiert. Das Reiten auf den Schultern ist das Lieblingsspiel vieler Väter und Kinder.

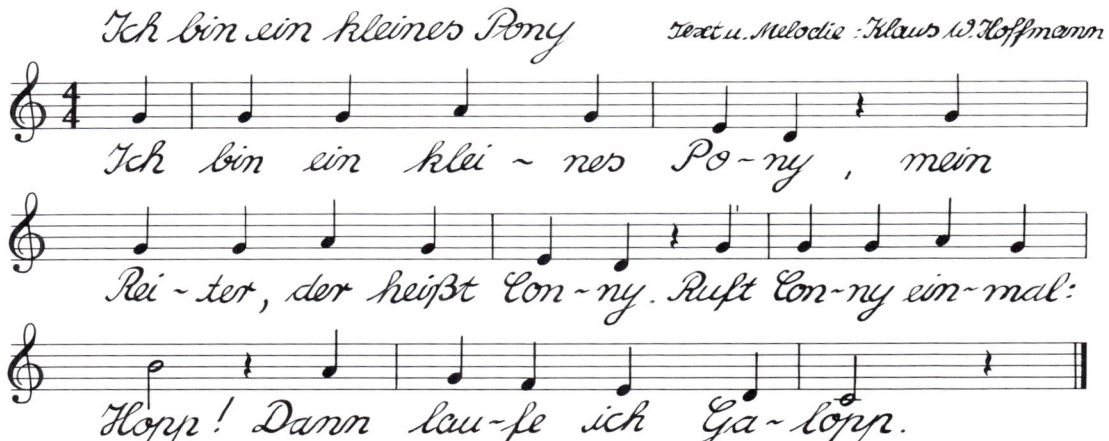

Ich bin ein kleines Pony

Text u. Melodie: Klaus W. Hoffmann

Ich bin ein klei - nes Po - ny , mein Rei - ter, der heißt Con - ny. Ruft Con - ny ein - mal: Hopp! Dann lau - fe ich Ga - lopp.

Hätt' ich doch ein Pony…
ach, wie wär das fein,
ach, wie wär das fein,
könnt ich darauf reiten
über Stock und Stein.
(Melodie: »Alle meine Entchen«.)

Statt Pferd und Kutscher können Sie auch Auto, Eisenbahn, Flugzeug oder Hubschrauber spielen. Der Reifen ist dann das Lenkrad. Jetzt wird gehupt, gebremst und wieder angefahren. Die Feuerwehr kommt eilig mit »Ta-tü-ta-ta«.

Ri - ra - rutsch

Text und Melodie: volkstümlich

Ri - ra - rutsch! Wir fah-ren mit der Kutsch.

Mit der Kut - sche fah-ren wir, auf dem E - sel

rei-ten wir. Ri - ra - rutsch! Wir fah-ren mit der Kutsch.

Sind mehrere Personen anwesend, so erhöhen Wettfahrten und vorsichtige Zusammenstöße den Spielreiz. Eisenbahn und Hubschrauber fahren oder fliegen anders als das Auto. Eine »Schnauferlbahn« kriecht ganz langsam den Berg hinauf. Mit Schnaufen und Pusten wird sie immer schneller, »tsch, tsch, tsch und pf, pf, pf…«. Sicher fallen Ihnen und Ihrem Kind noch andere Möglichkeiten ein.

Kommt ein Auto angefahren,
erst ganz langsam, dann ganz schnell,
fährt mit hundert um die Ecke,
seine Räder quietschen hell.

Liebes Auto, fahre langsam,
nimm dir doch ein wenig Zeit,
genieß' die schöne Landschaft,
bis nach Haus ist's nicht mehr weit!
(Melodie: »Kommt ein Vogel geflogen«.)

Meine kleine Eisenbahn
fährt heut nach Berlin,
fährt heut nach Berlin,
und wer einen Fahrschein hat,
den nehme ich auch mit.
(Sprechen: Alle einsteigen, Türen schließen, Vorsicht am Bahnsteig!)

In dem Speisewagen
schmeckt das Essen fein,
schmeckt das Essen fein,
und wer auch noch durstig ist,
der trinkt ein Gläschen Wein.
(Melodie: »Alle meine Entchen«.)

Ich flieg' in meinem Flugzeug
wohl über's weite Land,
wohl über's weite Land,
da seh' ich viele Leute
und winke mit der Hand.

Nun dreh' ich eine Kurve,
ihr Leute sollt mal seh'n,
ihr Leute sollt mal seh'n,
wie ich mit meinem Flugzeug
kann rundherum mich dreh'n.

Nun will ich wieder landen,
mein Ziel soll (Ort einsetzen) sein,
mein Ziel soll … sein.
Da kenn' ich viele Leute
und bin nicht so allein.
(Melodie: »Alle meine Entchen«.)

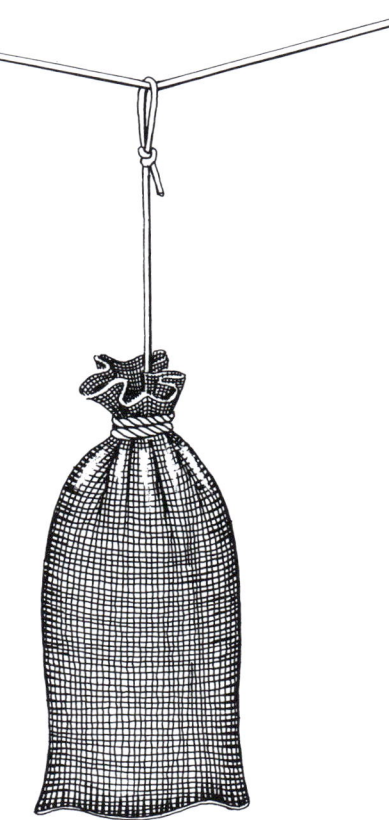

Ball mit Händen oder Füßen zu greifen oder dagegen zu schlagen. Ein Glöckchen am Gummi unterstreicht die Treffsicherheit.

Wasserschlauch-Reifen

Aus einem Wasserschlauch beliebigen Durchmessers können Sie einen interessanten Reifen herstellen. Dazu benötigen Sie ca. 1 m Schlauch (Garten- oder Baucenter), in den Sie kleine Holz- oder Glasperlen füllen. Die Perlen sollten sich im Schlauch bewegen können. Verbinden Sie die beiden Enden des Schlauches mit einem Holzdübel oder einer dicken Perle, die mit etwas Schnellkleber versehen wird. Zuvor sollte jedes Schlauchende für sich mit einer dicken Perle verschlossen sein.

Punchingball

Dazu benötigen Sie festen Stoff, wie Filz oder Leinen, und Styroporschnipsel. Je nach Wunsch und Alter Ihres Kindes nähen Sie entweder einen großen Sack von 50 mal 25 cm oder 30 mal 15 cm und füllen ihn fest mit Styropor, binden oder nähen ihn gut zu und befestigen ein Gummiband daran. Wenn Sie ihn aufhängen, überprüfen Sie bitte das Umfeld, damit durch den tanzenden Ball nichts kaputtgehen kann. Und nun darf Ihr Kind seine Temperamentsausbrüche oder Frustrationen auf den Ball ableiten. Kleineren Kindern dient der Ball zur Übung von Koordination Hand – Auge oder Fuß – Auge, wenn es versucht, den

Kreis- und Bewegungsspiele

Spiele, die Musik, Sprache und Bewegung verbinden, wirken auf kleine Kinder sehr anregend und kommen ihrem Nachahmungsbedürfnis entgegen. Ein Kleinkind drückt meist spontan aus, was es bei einer Musik empfindet. Es wiegt sich im Rhythmus und versucht, Bewegungen mit dem ganzen Körper auszudrücken. Sprache wird durch Lieder und Verse belebt, und ganz von sich aus versucht das Kind, auf seine Weise mitzusingen oder mitzusprechen und zu tanzen, wobei das Tun und nicht die Ausführung zählt. Mit wachsendem Alter macht es Kindern dann auch Spaß, Tiere zu imitieren. Spiele, die mehrere Bewegungen erfordern, müssen zunächst langsam gesprochen oder gesungen werden, da Reaktions- und Bewegungsschnelligkeit sich beim Kind langsam entwickeln. Wiederholungen sind daher sehr beliebt und stärken die Freude über das Können. Ein einfacher Text erleichtert es dem Kind, den Spielablauf zu durchschauen und sein Interesse zu wecken. Kreisspiele sind zu zweit, aber auch in Gemeinschaft mit anderen möglich und führen dadurch zu Kontaktbereitschaft und Freude am gemeinsamen Tun. Das Anfassen eines anderen Kindes oder Erwachsenen kann manchmal allerdings auch Scheu oder Angst auslösen. Selbst, wenn ein Kind die Gruppe kennt, sollte es nicht zum Mitmachen gezwungen werden. In einer gelockerten Atmosphäre entschließt es sich meist von selbst, wenn es den Spaß der anderen sieht. Folgende Kreis- und Bewegungsspiele haben in unseren Gruppen immer wieder Begeisterung ausgelöst.

Spiele mit Tastsäckchen

Tastsäckchen fühlen sich sehr unterschiedlich an. Was knistert und raschelt da so geheimnisvoll? Sind es Nüsse, Erbsen, Bohnen, Sand, Grieß, Zucker, Raschelpapier, Styropor oder andere Sachen?

Schon Babys entzückt das Spiel mit verschieden gefüllten Säckchen und auch Kleinkinder erleben viele Impulse und Anregungen bei diesen Spielen.

So wird's gemacht:

Nähen Sie ca. fünf Säckchen aus Stoffresten in der Größe von ca. 9 mal 13 cm und füllen Sie diese mit unterschiedlichen Materialien. Und nun kann's losgehen!

Packeselspiel

Ihr Kind krabbelt mit allen fünf Säckchen auf dem Rücken durch den Raum.

Dazu können Sie das Lied singen: »Ich bin ein kleiner Esel«. Vorsichtig muß das Kind wandern, damit die Säckchen nicht herunterfallen.

Ein kleiner Esel

Ich bin ein klei-ner E-sel und wan-dre durch die Welt, ich wack'le mit dem Hin-ter-teil, so wie es mir ge-fällt. I-a, i-a, i-a, i-a, i-a.

Teddybärspiel

Jetzt liegen die Säckchen auf den Füßen des Kindes. Mit kleinen Schritten geht das Kind schwerfällig im Kreis herum.

Alle Bewegungen werden dem Text entsprechend ausgeführt. Zum Schluß dürfen die Säckchen mit Händen oder Füßen in die Luft geworfen werden. Dazu singen Sie das folgende Lied:

Tanzbär

Ich bin der klei-ne Tanz-bär und kom-me aus dem Wald. Ich such mit ei-ne Freun-din und fin-de sie so bald. Und wir tan-zen hübsch und fein von ei-nem auf das an-dre Bein.

Pinguinspiel

Das auf dem Kopf liegende Tastsäckchen fördert das aufrechte Gehen. Es ist gar nicht so einfach, nun auch noch ein Lied zu singen oder entsprechende Bewegungen nachzuahmen. Nur Mut, das Lied vom Pinguin untermalt den Spielspaß.

Ich heiße August Fridolin — Text und Melodie: Barbara Böke

Ich hei-ße Au-gust Fri-do-lin und bin ein schwar-zer Pin-gu-in, wa-di-wapp, wapp, wapp, wa-di-wapp, wapp, wapp, wa-di-wapp, wapp, wapp, klapp, klapp.

*Meine Frau heißt Wiluwisch,
sie schwimmt im Wasser wie ein Fisch…*

*Wir haben auch noch Kinderlein,
die watscheln lustig hinterdrein…*

*Wir sind Familie Pinguin
und watscheln nun zum Wasser hin…*

Storchspiel

Die Tastsäckchen werden im Kreis oder in einer langen Reihe in kurzen Abständen auf dem Boden verteilt. Soll der Kreis größer sein, zum Beispiel wenn mehrere Kinder mitspielen, kann er mit Papier, Stoff- oder Fellresten und anderen Dingen erweitert werden. Im »Storchengang« geht's nun mit nackten Füßen über die Säckchen, wobei die Beine im Wechsel gut angehoben werden. Auf einem Bein stehen ist gar nicht so leicht, und um die Säckchen mit den Füßen greifen zu können, braucht man auch schon etwas Übung. Größeren Kindern gelingt es vielleicht schon, die Säckchen mit den Füßen nach oben zu schleudern oder deren Inhalt mit den Füßen tastend zu erraten. Singen Sie dazu das Lied: »Auf unserer Wiese gehet was…«

Dabei gehen die kleinen Störche hintereinander über die »Tastwiese«. Das Fangen der Frösche (mit den Worten »schnapp, schnapp, schnapp«) wird mit den Händen angedeutet, indem diese zusammengelegt und wieder geöffnet werden, die Handballen aber geschlossen bleiben. Bei den Worten »klappert lustig« wird ganz einfach in die Hände geklatscht.

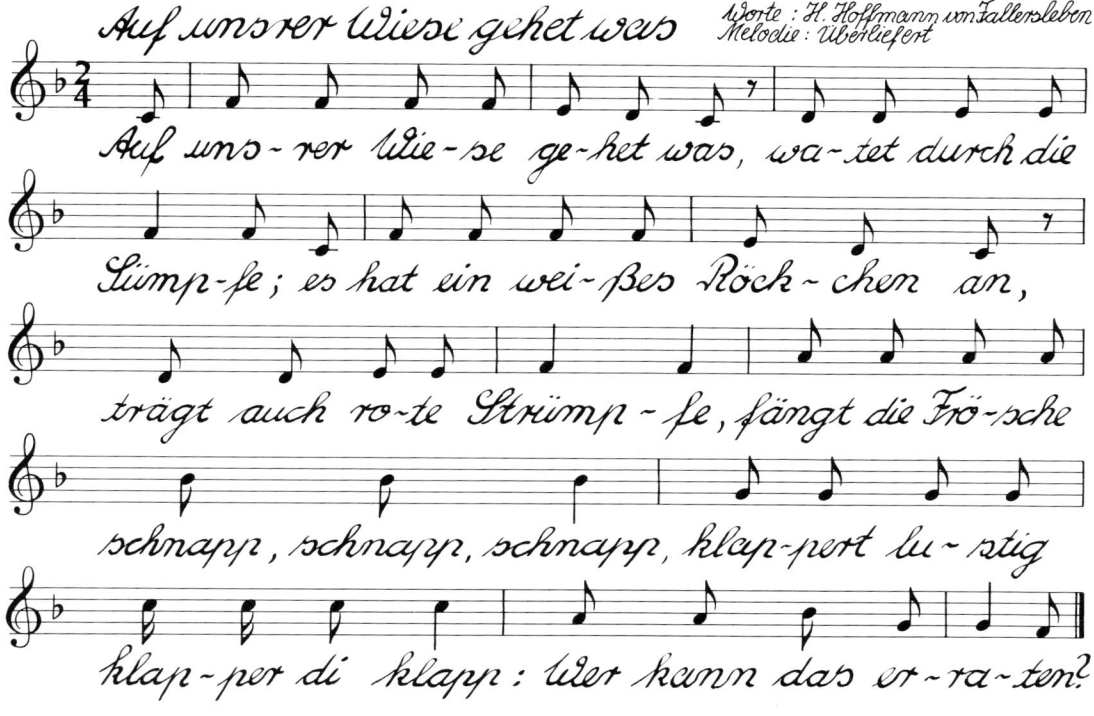

Auf unsrer Wiese gehet was

Worte: H. Hoffmann von Fallersleben
Melodie: Überliefert

Auf uns-rer Wie-se ge-het was, wa-tet durch die Sümp-fe; es hat ein wei-ßes Röck-chen an, trägt auch ro-te Strümp-fe, fängt die Frö-sche schnapp, schnapp, schnapp, klap-pert lu-stig klap-per di klapp: Wer kann das er-ra-ten?

Einfache Kreisspiele

Ringel, Rangel, Rosen, schöne Aprikosen,
Zuckerkuchen, Bienenstich,
alle Kinder drehen sich.
(Sprechen: Gut für Mama, gut für Papa, alle Kinder machen »Hopsassa«.)

Dabei fassen sich alle Spieler an die Hände, alternativ kann auch ein Reifen zum Anfassen genommen werden. Dem Vers entsprechend setzen sich alle und rufen »Husch, husch, husch…«. Bei »Gut für Mama, gut für Papa« gehen alle in die Hocke, um dann bei »Hopsassa« die kleineren Kinder an den Händen haltend nach oben zu wirbeln. Beim zweiten Vers drehen sich alle Kinder, stampfen und klatschen dabei.

Linkes Bein, rechtes Bein
Text und Melodie: volkstümlich

Lin-kes Bein - rech-tes Bein - ja, so tan-zen groß und klein,

hin und her - hin und her - das ist gar nicht schwer!

Großmama, Großpapa,
sind zu uns'rer Party da,
tanzen hin, tanzen her,
das ist gar nicht schwer!

Kleiner Schritt, großer Schritt,
alle Füßchen tanzen mit,
hin und her, hin und her,
das ist gar nicht schwer!

Dem Text entsprechende Bewegungen ausführen, wobei die Erwachsenen es den Kindern vormachen.

Es geht eine Zipfelmütze
Text und Melodie: volkstümlich

Es geht ei-ne Zip-fel-mütz' in un-serm' Kreis her-um, wi-de-bum-um.

Drei-mal drei ist neu-ne, ihr wißt ja, wie ich's mei-ne. Drei-mal drei und

eins ist zehn. Zip-fel-mütz' bleib stehn, bleib stehn, bleib stehn. Sie

rüt-teln sich, sie schüt-teln sich, sie werf'n die Bei-ne hin-ter sich, sie

klat-schen in die Hand: wir bei-de sind ver-wandt.

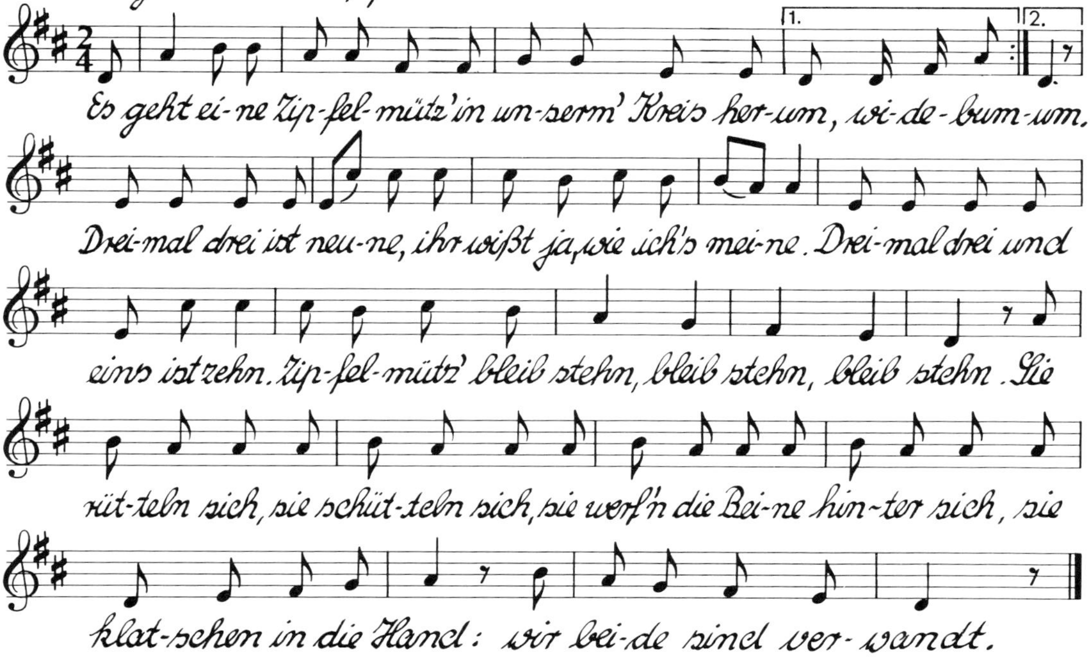

Die Hände als »Zipfelmütze« über dem Kopf aneinandergelegt gehen die Spieler im Kreis herum, bleiben dann stehen und führen die Bewegungen aus. Zum

Schluß haken sich jeweils zwei Spieler unter oder fassen sich an den Händen und drehen sich. Bei größeren Kindern kann auch ein Kind die Zipfelmütze sein, das die entsprechenden Bewegungen ausführt, während die anderen im Kreis gehen und klatschen.

Rummelbummel   *Text und Melodie: Thilde Lorenz*

Rum - mel - bum - mel ging spa - zie - ren,
wollt ein neu - es Lied pro - bie - ren.

Kam er an ein klei - nes Haus,
klopft er an, wer schaut her - aus?

1. Ei - ne schwar - ze Kat - ze, die macht den Bu - ckel krumm,

und die Trom - mel, und die Trom - mel, die macht rum - bum - bum
und die Trom - mel, und die Trom - mel, die macht rum - bum - bum.

Und das Lied - chen, und das Lied - chen, das ist aus, rum - bum
und wir ge - hen jetzt, wir ge - hen jetzt nach Haus, rum - bum.

2 – *Eine alte Hexe, die rührt im Topf herum, und die Trommel…*
3 – *Eine fette Kröte, die dreht sich dreimal um, und die Trommel…*
4 – *Eine gelbe Rübe, die fällt auf einmal um, und die Trommel…*
    Und das Liedchen, und das Liedchen, das ist aus, rumbum,
    und wir gehen jetzt, wir gehen jetzt nach Haus. Rumbum!

Die Spieler gehen im Kreis und haben eine Trommel (siehe Bastelanleitung S. 94) umgehängt. Sie zeigen ein Haus, indem sie die Hände zu einem spitzen Dach zusammenlegen (Fingerspitzen zusammen, Hände spreizen), klopfen auf die Trommel. Beim Schauen werden die Hände schräg an die Stirn gelegt (wie beim Sonnenschutz). Der Buckel wird durch Beugen des Oberkörpers dargestellt. Anschließend auf die Trommel schlagen. Wenn keine Trommel vorhanden ist, wird in die Hände geklatscht. Zu den weiteren Versen die entsprechenden Bewegungen ausführen.

Der Sonnenkäferpapa

Erst kommt der Son - nen - kä - fer - pa - pa; dann kommt die Son - nen - kä - fer - ma - ma! Und hin - ter - drein, ganz klit - ze - klein, die Son - nen - kä - fer - kin - der - lein und hin - ter - drein, ganz klit - ze - klein, die Son - nen - kä - fer - kin - der - lein.

Sie haben rote Röckchen an
mit kleinen schwarzen Pünktchen dran.
Sie machen ihren Sonntagsgang

auf uns'rer Fensterbank entlang,
sie machen ihren Sonntagsgang
auf uns'rer Fensterbank entlang.

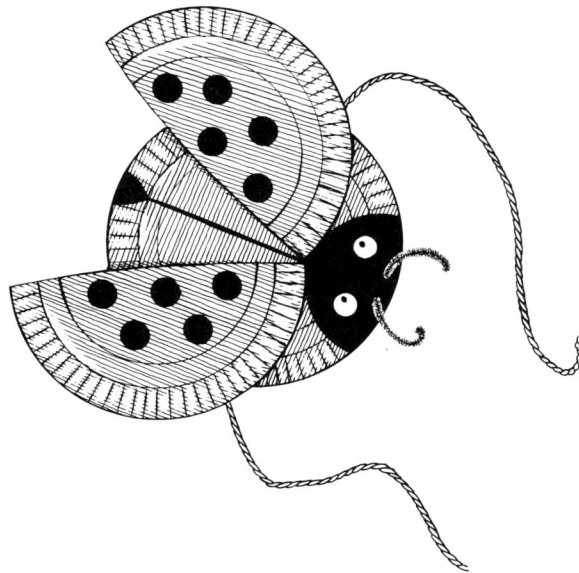

Ein Kind oder Erwachsener ist der Sonnenkäferpapa, eine weitere Person die Sonnenkäfermama und die restlichen Spieler sind die Kinderlein. Das Flügelschlagen mit Armen und Händen imitierend gehen alle nacheinander durch den Raum oder im Kreis herum. In der zweiten Strophe werden alle »Käfer« über Stühle, Bänke, stabile Kartons usw. geführt. Die Käfer können außer fliegen noch krabbeln, laufen und schleichen oder kriechen usw. Besonders festlich und echt wird das Spiel mit einem Käppchen aus Tonpapier. Aus Kreppapier oder rotem Stoff kann leicht ein Röckchen entstehen, auf das schwarze Punkte geklebt werden.

Bastelanleitung für den Käferhut:
Der Käferhut besteht aus zwei Papptellern. Ein Teller wird für die Flügel in der Mitte geteilt. Alle Teile werden mit Plakatfarbe rot angemalt und mit Augen und schwarzen Punkten versehen, die aufgemalt oder aus schwarzem Papier aufgeklebt werden können. Die Flügel werden auf den anderen Teller geklebt. Zum Schluß bekommt der Käfer Fühler aus schwarzen Pfeifenputzern und einem Hutgummi.

Der Hampelmann — Text und Melodie: volkstümlich

Jetzt steigt Ham-pel-mann, jetzt steigt Ham-pel-mann aus
bei-nem Bett her-aus, aus bei-nem Bett her-aus.
O du mein Ham-pel-mann, mein Ham-pel-mann bist du!

2 – Jetzt zieht Hampelmann seine Strümpfe an...
3 – Jetzt zieht Hampelmann seine Hose an... usw.

Der Hampelmann kann sich dann seine Haare kämmen, die einzelnen Körperteile waschen und sich auch noch seine Zähne putzen. Anschließend geht er mit einer Freundin spazieren oder tanzen. Vielleicht fällt Ihnen auch noch etwas anderes ein.
Die Spieler stehen im Kreis und ahmen die angegebenen Tätigkeiten nach. Beim Refrain »hampeln« alle wie ein Hampelmann, wobei die Arme und Beine im Wechsel zusammen- und auseinandergehen.
Das Lied paßt auch gut zu einem Verkleidungsspiel. Dazu besorgen Sie sich Requisiten aus der Kleiderkiste (zum Beispiel alte Hüte, Schuhe, Handschuhe, Kleider usw.). Jedes Kind sucht sich ein Kleidungsstück aus und versucht, sich allein anzuziehen. Zum Schluß tanzen alle durch den Raum. Diese Variante eignet sich gut für ein Kinderfest.

Große Uhren

Große Uhren machen tick-tack, tick-tack.
Kleine Uhren machen tick-tack, tick-tack,
tick-tack, tick- tack.
Und die kleinen Taschenuhren
machen ticketacketicketacketicketacke.
Und die große Kirchenuhr macht ding-
dong.

Die Arme werden über dem Kopf seitlich langsam hin und her bewegt. Dann den Oberkörper beugen und die Arme immer schneller hin und her schwingen. Mit den Füßen schnell stampfen.
Nun die Beine grätschen und den Oberkörper beugen. Die Arme pendeln durch die Beine. Alternativ kann gesprungen werden, indem jeweils die Arme nach oben gestreckt werden.
Eine andere Möglichkeit: Beide Hände deuten das Wort »groß« an; das Ticken der Uhr wird durch Klopfen mit den Fäusten angedeutet.
Beide Hände zeigen das Wort »klein«; das schnellere Ticken wird mit den flachen Händen ausgeführt.
Daumen und Zeigefinger zeigen »ganz klein«; das sehr schnelle Ticken wird rhythmisch mit den Zeigefingern ausgeführt.

Hoch am Himmel

Hoch am Himmel, tief auf der Erde,
überall ist Sonnenschein.
Wenn ich nicht ein Kindlein wäre,
möchte ich ein Vög'lein sein.
Piep-piep-piep-piep, piep-piep-piep-piep,
piep-piep-piep-piep…

2 – *Katze: Miau-miau…*
3 – *Hund: Wau-wau…*
4 – *Fröschlein: Quak-quak…*
5 – *Auto: Tut-tut.*

Sicher fällt Ihnen noch anderes ein. Das Spiel kann im Sitzen und im Stehen gespielt werden. Die Arme zeigen nach oben. Nun werden die Hände bis zum Boden gestreckt. Die Sonne wird mit einem großen Kreis durch die Arme beschrieben. Das »Ich« zeigen und das Piepsen mit Daumen und Zeigefinger andeuten. Der Vogel kann auch mit weit ausgestreckten Armen durch den Raum flattern. Die Katze schleicht miauend, der Hund rennt kläffend, das Fröschlein hüpft quakend, das Auto fährt hupend durch den Raum.

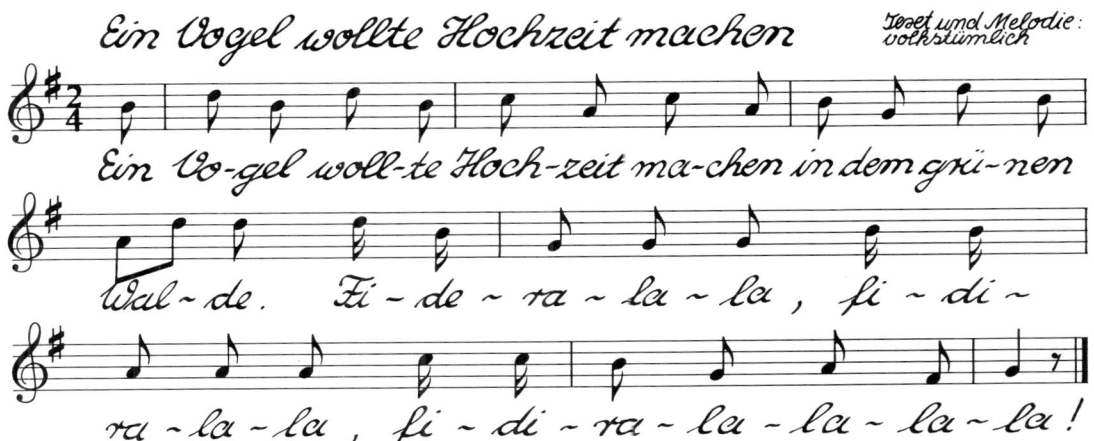

Ein Vogel wollte Hochzeit machen

Text und Melodie: volkstümlich

Ein Vo-gel woll-te Hoch-zeit ma-chen in dem grü-nen Wal-de. Fi-de-ra-la-la, fi-di-ra-la-la, fi-di-ra-la-la-la-la!

Nach dieser Melodie läßt sich auch der folgende Text singen:

Die Kinderlein, die Kinderlein,
die wollen heut' mal Tiere sein.
Fidiralalala, fidiralalala, fidiralalala.

Der Patrick (Name eines Kindes einsetzen) ist der Elefant,
schwenkt seinen Rüssel mit der Hand.
Fidiralalala… (Mit Daumen und Zeigefinger der linken Hand die Nase greifen, rechte Hand und Arm als Rüssel durchstecken.)

Cornelius ist der Pinguin
und watschelt froh zum Wasser hin.
Fidiralalala… (Mit an die Oberschenkel gedrückten Armen und Händen steif wie ein Pinguin laufen.)

Daniela ist das Känguruh,
sie hüpft und lacht und singt dazu.
Fidiralalala… (Wie ein Känguruh hüpfen.)

Die Nora ist die kleine Katz',
sie fängt die Maus mit einem Satz.
Fidiralalala… (Krabbeln und wie eine Katze miauen.)

Der Nico ist der braune Bär,
er leckt das Honigtöpfchen leer.
Fidiralalala… (Aufrecht laufen und so tun, als ob die Hand abgeleckt wird.)

Federica ist die kleine Maus,
sie schaut ganz keck zum Loch heraus.
Fidiralalala…

Janina ist der kleine Has',
legt Eier in das grüne Gras.
Fidiralalala…

Der Gerrit klettert gar so schön,
er ist als Äffchen heut' zu seh'n.
Fidiralalala…

Das Fest der Tiere ist jetzt aus,
sie gehen alle froh nach Haus.
Fidiralalala…

Wir winken jetzt und klatschen schön
und freu'n uns auf ein Wiedersehn.
Fidiralalala…

Der Brummbär

Brumm, brumm, brumm,
der Teddy dreht sich um.
Jetzt hebt der Teddybär ein Bein,
ei, das macht der Teddy fein.
Brumm, brumm, brumm,
der Teddy dreht sich um...

Brumm, brumm, brumm...
Die Arme schwingt er rauf und runter,
davon wird der Teddy munter.

Brumm, brumm, brumm...
Seht euch mal den Teddy an,
wie er so schön springen kann.

Brumm, brumm, brumm...
Nun fängt er noch zu rennen an,
damit ihn keiner fangen kann.

Brumm, brumm, brumm...
Der Teddy fängt zu winken an,
seht mal, was der Teddy kann.

Die angegebenen Bewegungen werden
entsprechend nachgeahmt. Zum Refrain
wird geklatscht.
(Melodie: »Hopp, hopp, hopp«.)

Fingerspiele und erste Aktionsgeschichten

Der Wert dieser Spiele liegt in ihrer Einfachheit, da sie leicht und ohne Aufwand überall und jederzeit durchgeführt werden können. Sie entzücken schon das Baby durch vielerlei Anreize und bilden für das Kleinkind einen lustvollen »Erlebnisschmaus«.

Mit Reimen oder Liedern begleitet, vermitteln diese Spiele dem Kind den Spaß an Wortklang sowie Rhythmik und Melodie der Sprache und erfordern Konzentration und Geschicklichkeit. Die Möglichkeit der eigenen schöpferischen Improvisation ist bei Kindern besonders beliebt.

Schon bald versucht das Kind, dem Vorbild des Erwachsenen durch ständiges Wiederholen zu entsprechen, weshalb die Spiele anfangs langsam und ausdrucksvoll gesprochen und gespielt werden sollten. Einzeln oder in Gruppen gespielt, unterstützen Fingerspiele Kontaktfreude und Kommunikationsbereitschaft und leiten zu einfachen Hand- und Fingerpuppenspielen über. Im Darstellen leicht verständlicher und kurzer Aktionsgeschichten können sich Kinder gestalterisch einbringen, wozu sie im Kleinkindalter besonders gern bereit sind. Alte Fingerspielverse, wie »Hast'n Taler, geh auf den Markt« und »Das ist der Daumen« sind sicher bekannt und regen zur Wiederholung an. Vielleicht macht es Ihnen auch Spaß, eigene Verse zu entwickeln und mit entsprechenden Bewegungen zu versehen.

Bastelanleitung für Fingerpuppen:
Aus Stoff-, Fell-, Filz- oder Plüschstoffresten lassen sich recht einfache Fingerpuppen herstellen und der Wichtel ist schnell aus Wollresten gezaubert.
Dazu benötigen Sie entweder einen Stoffkleber oder Nadel und Faden. Einige Perlen in rot, blau und schwarz eignen sich gut für Nase und Augen, doch es lassen sich hierfür auch entsprechende Teile aus Filz herstellen.
Schneiden Sie sich ein Stück Stoff in ca. 4 cm Breite und ca. 12 cm Länge zu. Falten Sie es in der Mitte und kleben oder nähen Sie es an den Rändern der beiden Längsseiten so zu, daß ein Finger gut Platz findet. Nun werden die jeweilig zum Tier passenden Ohren an die obere Seite genäht (siehe Zeichnung). Das Schwein erhält eine runde Schnauze aus rosa Filz mit zwei kleinen Perlen als Nasenlöcher. Der Hund bekommt eine

Zunge aus rotem Filz und eine dunkelbraune oder schwarze Perle als Nase. Grüne Augen bekommt die Katze aus Filz oder Perlen auf schwarzem Untergrund und die Schnurrhaare können leicht aus weißem Baumwollgarn oder dünner Perlonschnur gefertigt werden. Auf diese Weise lassen sich mit etwas Phantasie noch andere Tiere basteln.
Für den gestrickten Wichtel nehmen Sie je nach Dicke des Garns 12 bis 15 Maschen auf und stricken 8 bis 10 Reihen glatt rechts. Von da aus nehmen Sie in jeder Rechtsreihe jeweils 1 Masche am Rand ab, bis die Maschen verbraucht sind. Der Rand wird zusammengenäht und ein Gesicht auf den unteren Teil gestickt oder aus Filz aufgeklebt. Die Spitze wird entweder mit einem Glöckchen oder einem Wollpompon versehen.

Spaziergang der Finger

Der Daumen wollt' spazierengehen,
der Zeiger wollte mit ihm gehen.
Der Mittelfinger geht voran,
er hat die Wanderstiefel an.
Der Ringfinger, o wie fein,
singt ein Lied von »Hänschen klein«.
Der kleine Finger, ei der Daus,
packt schon bald den Rucksack aus.
Alle Finger froh und munter
laufen jetzt den Berg hinunter.
Kommen an ein kleines Haus,
schauen froh die Eltern raus.
Ja, da seid ihr ja!!!

Alle Finger spazieren der Reihe nach auf dem Tisch oder auf dem Arm oder Bauch des Kindes entlang. Froh und munter laufen sie anschließend in Richtung Kind oder Arm und Bauch hinunter. Das Haus wird mit flachen Händen als Hausdach angedeutet. Das Schauen wird durch das Anlegen der Hände an die Stirn demonstriert.

Bastelanregung: Sie können den Wanderern ganz leicht Hüte aus Papier oder Handschuhen basteln. Dazu können die Fingerkuppen von alten Fingerhandschuhen genommen werden. Wenn Sie dann noch kleine Messingglöckchen an den Mützen befestigen, ist der Spaß perfekt. Wie Sie die Hütchen aus Papier herstellen können, entnehmen Sie der Zeichnung.

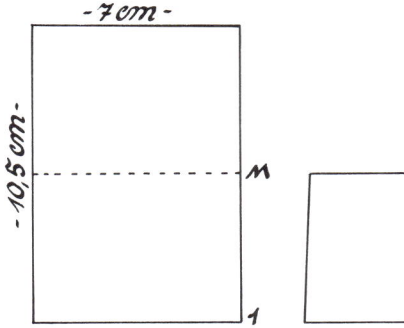

Segelbootpartie

*Igel machen sonntags früh
eine Segelbootpartie.
Und die Kleinen jauchzen froh,
denn das Boot, das schaukelt so.
»Nicht so toll«, ruft Mutter Igel,
»denn ihr habt doch keine Flügel.
Und wenn ihr ins Wasser fallt –
hu, wie ist das Wasser kalt.«*
(Erich Weinert)

Die Hände werden mit gestreckten, gespreizten Fingern gefaltet, so daß sie wie Stachel wirken. Das Boot wird mit beiden Handflächen, die zu einer Mulde zusammengelegt sind, gebildet. Leichte Schaukelbewegungen machen. Das Jauchzen wird durch Händeklatschen angedeutet. Der erhobene Zeigefinger verkörpert die Warnung von Mutter Igel. Die Flügel werden durch das seitliche Auf- und Abschwingen der Arme imitiert. Das Plumpsen ins Wasser wird mit beiden Händen auf Tisch oder Boden und das Frieren durch das Selbstumschlingen mit beiden Armen dargestellt.

Im Zoo

Die Fingerlein, die Fingerlein,
die wollen heut' mal Tiere sein.
Der Daumen, das ist allen klar,
ist der Elefant aus Afrika.
Zeigefinger ist die Giraffe,
Mittelfinger ist ein Affe.
Ringfinger, o wie fein,
soll mein Koalabärchen sein.
Kleiner Finger, welch ein Schreck,
läuft als Mäuschen einfach weg.
Ja, wo ist er denn???
Im Zoo, da ist es wunderschön,
da könnt ihr viele Tiere seh'n!

Die fünf Finger der Hand stellen die einzelnen Tiere dar. Das Suchen des Mäuschens wird überall am Körper des Kindes durchgeführt, wo es schön kitzelt.

Die Finger wollen schlafen gehen

Der Daumen wollte schlafen geh'n,
der Zeiger wollte mit ihm geh'n,
der Mittelfinger zieht sich aus,
der Ringfinger liest noch Mickymaus,
nur der kleine Finger will nicht ins Bett –
das finden seine Brüder gar nicht nett.
Alle kuscheln sich bald ein,
träumen von dem Sonnenschein.
(Schnarchen)

Die einzelnen Finger werden benannt, die sich in die andere Hand einkuscheln und schnarchen.

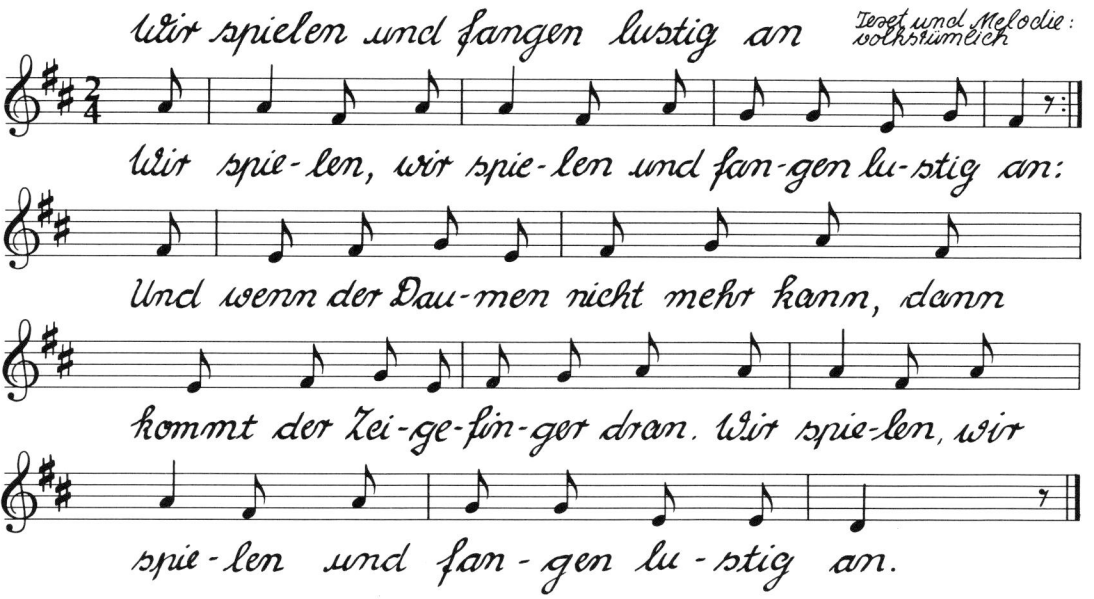

Je nach Alter des Kindes werden zunächst nur Hände oder Fäuste eingesetzt und im Schwierigkeitsgrad erweitert, indem mehr und mehr die einzelnen Finger, später die Füße eingesetzt werden, die im Rhythmus des Liedes auf den Tisch pochen. Zum Schluß kann auch der Kopf noch drankommen und nikken.

In dem Walde steht ein Haus

In dem Walde steht ein Haus,
schaut ein Reh zum Fenster raus,
kommt ein Häslein angerannt,
klopfet an die Wand.
»Hilfe, hilfe! Große Not!
Heute gibt's kein Hasenbrot!«
Liebes Häschen, komm herein,
sollst nicht hungrig sein.

Die Fingerspitzen beider Hände werden zu einem Dach aneinandergelegt. Beide Zeigefinger und Daumen stellen ein Fenster zum Durchschauen dar. Das Rennen wird im Rhythmus des Liedes mit den Händen imitiert. Mit den Zeigefingern wird das Klopfen auf dem Tisch und der Hilferuf durch das Heben der Arme dargestellt. Mit Winken wird das Häschen hereingebeten und zum Gruß die Hand gereicht.

Tanz der Riesen und Zwerge

Da oben auf dem Berge, eins, zwei, drei,
da tanzen sieben Zwerge, eins, zwei, drei.
Da unten auf der Wiese, eins, zwei, drei,
da stampft der große Riese, eins, zwei, drei.

Dieses Spiel kann im Sitzen oder Stehen durchgeführt werden. Die Finger tanzen als Zwerge auf dem Kopf herum; die Füße ahmen das Stampfen der Riesen nach.

Alle meine Vögelein

Alle meine Vögelein sind ja heut so froh,
sind ja heut so froh,
schwatzen in den Bäumen
und machen immer so:
»Piep, piep, piep…«
(Daumen und Zeigefinger bilden den
Schnabel, indem sie auf- und zugehen,
und die Melodie auf »Piep, Piep« wiederholen.)

Alle meine Katzen sind ja heut so froh,
sind ja heut so froh,
sie schmusen und schnurren
und machen immer so:
»Miau, miau, miau…«
(Mit den Händen sich streicheln und
die Melodie auf »Miau« wiederholen.)

Alle meine Hunde sind ja heut so froh,
sind ja heut so froh,
sie springen und bellen
und machen immer so:
»Wau, wau, wau…«
(Mit Händen oder Füßen das Springen imitieren, indem sie auf den Boden klatschen oder stampfen, und die
Melodie auf »Wau, wau« wiederholen.)

Alle meine Kinder sind ja heut so froh,
sind ja heut so froh,
sie tanzen und singen
und machen immer so:
»Lalalala«.
(Klatschen und tanzen.)

Begeistern Sie Ihr Kind durch eigene
Verse. (Melodie: »Alle meine Entchen«.)

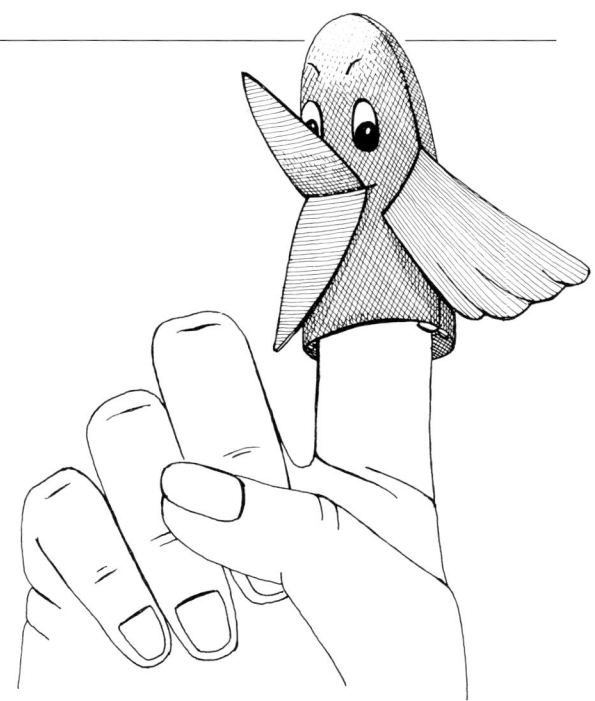

Regenverse und Regenlieder

Regen, Regentröpfchen
(Mit den Fingern sanft auf den Kopf
klopfen.)
fallen auf mein Köpfchen.
Pustet starker Wind
(Pusten)
alles trocken ganz geschwind.

Tri, tra, troll,
es regnet ja ganz toll!
(Regentropfen durch Klopfen mit den
Fingerspitzen auf den Kopf anzeigen.)
Meine Haare werden naß,
ach, was ist das für ein Spaß!
Tri, tra, troll,
es regnet ja ganz toll!

Gewitter

Es tröpfelt ganz sacht
nun schon eine Nacht.
Gleich regnet es sehr,
jetzt regnet es mehr,
es donnert und blitzt,
der/die (Name des Kindes) *gleich flitzt*
in das Haus hinein,
und hinterher ist wieder Sonnenschein.

Dem Text entsprechend wird das Tröpfeln durch das Klopfen mit Fingerspitzen, das Regnen mit flachen Händen, das Donnern mit Fäusten, der Blitz durch Händeklatschen dargestellt. Die Hände flitzen in Richtung Kind, bilden dann ein Dach, woraus man schauen kann, und mit den Armen wird die Sonne durch einen Kreis beschrieben.

Es regnet

Es regnet, es regnet, es regnet seinen Lauf,
und wenn's genug geregnet hat,
dann hört's auch wieder auf.
(Nach der Melodie: »Wir spielen …«,
S. 64.)

Im Rhythmus des Liedes mit den Fingern auf die Tischplatte klopfen.

Einfache Aktionsgeschichten zum Mitspielen

Der kleine Apfel
In einem großen Garten steht ein großer Apfelbaum. An seinen Zweigen hängen dicke, rote Äpfel. Nur einer war noch unreif, grün und sehr klein. Der kleine Apfel war deshalb traurig und weinte lei-

se vor sich hin. »Ach, wenn ich doch auch so schön rot und dick wie meine Geschwister wäre!« Dicke Tränen kullerten ihm über seine kleinen Apfelbäckchen. Das hörte die Sonne und versprach, ihm zu helfen. Sie schien so heiß sie nur konnte. Der kleine Apfel bekam sogar etwas Farbe, doch er wurde einfach nicht dicker. Wieder jammerte er. »Ach, wär' ich doch auch so dick wie die anderen!« Das hörte eine große, graue Wolke und auch sie versprach zu helfen. Sie schob sich vor die Sonne und schickte viele Regentropfen, denn der Apfelbaum war sehr durstig. Es regnete immer mehr und der Apfel wuchs und wuchs. Genug, rief er der Wolke zu. Das hörte der Wind und pustete und pustete so kräftig, daß die große Wolke weiterzog. Der kleine Apfel freute sich sehr und tanzte und schaukelte zusammen mit den anderen Äpfeln hin und her, auf und nieder. »Huuuu«, so pfiff und heulte der Wind durch die Äste und holterdipolter, fielen die dicken, roten Äpfel – einer nach dem anderen – bis auf einen ins Gras. Da kamen Kinder in den Garten und riefen: »Seht einmal, da hängt ja ein wunderschöner Apfel ganz allein am Baum!« Vor Freude sprang der kleine Apfel, der nun schöner als alle anderen war, den Kindern in den Schoß, die sich den Apfel teilten.

Teilen, teilen, das macht Spaß,
denn wenn man teilt, hat jeder was!

Zuerst kann die Geschichte mehrfach vorgelesen oder erzählt werden. Allmählich werden Bewegungen eingebaut, wie das Zeigen von groß und klein. Der Apfelbaum wird durch den Körper, die Äste und Zweige durch Arme und gespreizte Finger dargestellt. Die Traurigkeit kann durch das Hängenlassen des Kopfes, die Sonne und Wolke als großer Kreis mit den Händen beschrieben werden. Die Regentropfen werden durch stärker werdendes Trommeln mit den Fingerspitzen auf dem Tisch nachgemacht. Der Wind wird durch kräftiges Blasen, das Schaukeln der Äpfel durch das Hin- und Herschwanken des Körpers und der Arme angedeutet. Plumps, holterdipolter, fallen die Äpfel mit lautem Klopfen der Fäuste herab.

Besonders anschaulich wird das Spiel, wenn ein oder mehrere Äpfel vorhanden sind und zum Schluß jedes Kind ein Stück vom Apfel bekommt.

Nach der Geschichte können die Kinder Äpfel mit Wachsmalstiften, Fingerfarbe oder Tusche auf Papier oder Pappe malen. Größeren Kindern macht das Kleben mit Kleister auf Apfelschablonen Spaß. Dazu eignen sich Papierschnipsel, Apfelkerne und anderes. Das Experimentieren sollte dabei im Vordergrund stehen, nicht das Ergebnis.

Folgende Lieder erzählen musikalisch vom Apfel: »In einem kleinen Apfel«, »Ich hol' mir eine Leiter« und »Auf der grünen Wiese.«

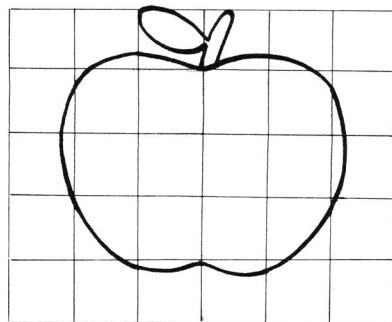

1 Kästchen = 5 cm²

Äpfel ernten

Wir wollen in den Garten gehen,
nach den roten Äpfeln sehen,
ja, da winkt uns reicher Lohn,
alle Äpfel rufen schon:
»Wir sind reif, ihr müßt uns pflücken,
hoch euch strecken, tief euch bücken.
Mancher fiel herab ins Gras,
Äpfel ernten, das macht Spaß!«

Bei diesem Vers werden das Winken, Hochstrecken sowie das Bücken nachgemacht. Es können auch blaue Pflaumen und gelbe Birnen geerntet werden. Größeren Kindern macht es Spaß, unter einem Tuch oder in einem Tastkasten Apfel oder Birne zu erraten.
Bastelanregung: Apfelmobile aus Tonpapier oder aus Salzteig.

Geschichte von den Schneeflocken

In einer großen, weißen Wolke (mit Armen einen Kreis beschreiben) schliefen viele kleine Schneeflöckchen. Obwohl es schon lange Winter war, wollten sie einfach nicht aufwachen. Die Kinder hatten zu Weihnachten einen Schlitten bekommen, den sie gern ausprobieren wollten, doch es wollte nicht schneien. Die Schneeflöckchen schliefen ganz fest. (Kopf auf Hände legen und schnarchen) Da sagte (Name einsetzen): »Wir müssen die Schneeflocken wecken, laßt uns ganz laut in die Hände klatschen!« (Klatschen)
Das war wirklich sehr laut, doch die Schneeflöckchen schliefen weiter tief und fest. Ein anderes Kind hatte die

Idee, mit den Füßen zu stampfen. (Alle stampfen laut mit den Füßen) Die Schneeflöckchen aber schliefen und schnarchten (schnarchen imitieren) und kümmerten sich nicht um den Lärm. Da schickten die Kinder ihre »Geburtstagsrakete« los. (Stampfen, klatschen, Indianergeheul) Die Schneeflöckchen wurden auch dadurch nicht wach.

»Wir sollten ein Schneelied singen«, rieten einige Kinder und dann sangen sie das Lied »Schneeflöckchen, Weißröckchen«. Noch ehe das Lied zu Ende war, heulte plötzlich der Wind auf. »Huuuu!« Die Sonne versteckte sich hinter einer großen Wolke und siehe da, ganz langsam reckten und streckten sich die Schneeflöckchen und eine nach der anderen purzelte aus dem weichen, warmen Wolkenbett. (Kinder recken und strecken sich und tanzen und laufen im Raum herum) »Juchhe, Juchhu, Juchheirassa, der erste Schnee ist da!« Endlich konnten die Kinder rodeln und eine Schneeballschlacht machen. (Mit Watte oder Papier, Bälle formen und werfen)

Nach dem Toben kann ein Lied zu ruhigeren Spielen überleiten.

Schnee, Schnee, Schnee,
Schnee, wohin ich seh'.
Bäume, Häuser sind verschneit,
tragen heut' ein weißes Kleid.
Hurra, hurra, hurra,
der Winter, der ist da.

Schnee, Schnee, Schnee,
Schnee, wohin ich seh'.
Schlittenfahren, Schneemann bauen,
herrlich ist das anzuschauen.
Juchheirassa,
der Schneemann steht nun da.

Schnee, Schnee, Schnee,
Schnee, wohin ich seh'.
Mit den Skiern froh und munter
sause ich den Berg hinunter.
O weh, o weh, o weh,
jetzt liege ich im Schnee.
(Melodie: »Hopp, hopp, hopp, Pferdchen lauf Galopp«.)

Frau Holle, Frau Holle

Volkslied

Frau Hol-le, Frau Hol-le, die schüt-telt ih-re
Bet-ten aus, fällt blü-ten-wei-ßer Schnee her-aus, so
vie-le Flöck-chen oh-ne Zahl, so vie-le Flöck-chen
auf ein-mal. Frau Hi-Ha-Hol-le du, schütt-le flei-ßig zu!

Schablonenmotive wie Schneemann, Wolke, Bäume, Häuser aus dicker Pappe oder Tonpapier mit unterschiedlichen Materialien wie weißer Watte, Papierschnipsel, Wolle bekleben.

Man kann sie auch bemalen oder mit weißer Fingerfarbe betupfen oder bedrucken (Korkendruck siehe Seite 86). Auch ein Schneemannmobile läßt sich nach der Schablone leicht basteln.

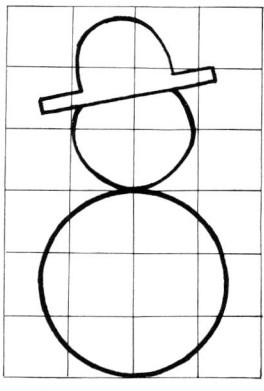

1 Kästchen = 5 cm²

Feinmotorische Geschicklichkeitsspiele

Kleinkinder sind neugierige »Tüftler«, vor allem dann, wenn sie dazu ermuntert werden. Vor ihrem unersättlichen Wissensdurst ist nichts sicher. Voller Ausdauer wird geprüft, befühlt und ausprobiert. Vieles will das Kind unbedingt allein machen und Hilfestellung sollte nur angeboten werden, wenn es alleine nicht weiterkommt. Pausenlos forscht und lernt es und nur selten wird ihm langweilig. Seine Finger werden immer geschickter und haben ständig zu tun. Unsere selbstgefertigten Spiele eignen sich dabei hervorragend und ganz nebenbei kommt das bewegungsaktive Kind zur Ruhe. Es muß genau schauen und sich konzentrieren. Achten Sie aber darauf, Ihr Kind nicht zu überfordern, da es sonst schnell die Lust verliert. Das Spielangebot ist oft ein Balanceakt, der Feinfühligkeit erfordert, um den ausgewogenen Mittelweg zwischen Über- und Unterforderung zu finden. Temperamentvolle Kleinkinder lassen sich nur ungern ihrem Bewegungsdrang entziehen, während andere Kinder sich schon verhältnismäßig lange ruhigeren Spielen widmen können. Ausprobieren und Basteln prägen immer mehr die spielerische Tätigkeit, doch noch immer zählt das Tun mehr als das Ergebnis. Ermunterung durch Lob fördert die Eigenständigkeit des Kindes. Am Abend wirken Geschicklichkeitsspiele oft ausgleichend und auch im Krankheitsfall oder auf Reisen sind diese Spiele eine willkommene Abwechslung. Um jedes Risiko zu vermeiden, sollten Sie Ihr Kind immer im Auge behalten, denn sein Neugierverhalten kennt noch keine Gefahren.

Einfache erste *Steckspiele* lassen sich schnell und leicht aus großen Joghurtbechern mit festem Deckel, Kaffeedosen mit Plastikdeckel, allerlei Kartons oder Schachteln aus Pappe oder Plastik basteln. Zum Einstecken eignen sich Wäscheklammern, Rundhölzer, Holzdübel, Korken, Nudeln, Makkaroni, Trinkhalme, Bausteine, Pappkärtchen, Postkarten, Bieruntersetzer, kleine Bälle (Tisch-

tennisbälle) und Murmeln. Je nach Alter des Kindes sollte die Form klar und eindeutig und das Einsteckmaterial ungefährlich und gut greifbar sein. Mit zunehmendem Alter werden die Formen kleiner und vielfältiger. So empfiehlt es sich, einem kleineren Kind anfangs einen Behälter ohne Formendeckel zu zeigen und ein Spielzeug darin verschwinden zu lassen, bis es die Spielabsicht erkannt hat. Danach kann in den Deckel eine runde Form geschnitten werden, die mit zunehmender Geschicklichkeit immer kleiner wird. Die Lust auf weitere Formen kann auf diese Weise langsam gesteigert werden, ohne eine Überforderung zu riskieren. Zeigen Sie Ihrem Kind auch Einsteckformen aus der alltäglichen Umgebung, wie Schlüssel und Schlüsselloch, Dosen, Töpfe mit Deckel, Flaschen zum Schrauben sowie unterschiedliche Schüsseln und Becher zum Ineinanderstecken. Erst ein zwei- bis dreijähriges Kind schafft eine Farbzuord-

nung, wenn es genug Möglichkeiten zum Probieren bekommt. Farblieder untermalen den Spielcharakter dieser Anregungen.

Zu der Melodie »Alle meine Entchen« wird folgender Text gesungen, indem nacheinander verschiedene Farben eingesetzt werden.

Wo ist denn das Rot geblieben,
wer hat es gesehn?
Wer hat es gesehn?
Ja, da hab ich's schon gefunden,
das ist wunderschön.

Vierfarbkasten

Die vier Seiten eines Waschmittelkartons werden mit verschiedenen Farben bemalt oder mit Klebefolie beklebt und mit Schlitzen in unterschiedlicher Größe waagrecht und senkrecht versehen. Es ist

eine gute Auge-Hand-Koordination erforderlich, um die unterschiedlichen Positionen zu treffen und später auch die Farben richtig zuzuordnen. Karten in entsprechender Form und Farbe können leicht aus Pappe hergestellt werden. Schneidet man Quadrate und Kreise in Größe und Form der Bausteine in die verschiedenen Seiten einer Waschmitteltonne, so finden beim Aufräumen die Klötze ganz spielerisch ihren Platz.

Marienkäfer oder Clown

Aus Kartons aller Art lassen sich einfache erste Steckspiele herstellen, indem das jeweilige Motiv auf den Deckel gemalt wird. So ergeben die Punkte auf dem Käferflügel ideale Öffnungen unterschiedlicher Größe für das Einsteckmaterial wie Korken, Murmeln, Holzdübel usw. Ein Schlitz am Treffpunkt der Flügel in der Mitte stellt eine weitere Möglichkeit zum Einstecken kleiner Pappkärtchen dar.

Der Clown ist eine weitere Möglichkeit und sicher fallen Ihnen noch andere lustige Motive ein.
Zur fröhlichen Untermalung eignet sich das Lied vom »Sonnenkäferpapa« (Seite 56).

Eierkartonbus

Eine lustige Variante stellt der Eierkartonbus dar, in dem eine Reisegesellschaft aus Korkenpuppen ihren Platz findet. Die Korkenpüppchen können nach eigener Vorstellung kreiert werden. Ein wenig Fell oder Wolle, ein Papierhütchen, eine Feder ergeben individuelle Kopfbedeckungen, indem sie auf eine Seite des Korkens geklebt werden. Ein Gesicht mit Filzschreiber, ein Bart aus Watte oder eine Zipfelmütze aus Filz, ein Kopftuch aus Stoffresten sind weitere Möglichkeiten, die Puppen zu schmücken. Platz finden sie in den Ausbuchtungen des umgedrehten Eierkartons. Beim ersten Mal sollten die Vertiefungen mit dem Korken vom Erwachsenen vorsichtig eingedrückt werden. Eine Kordel am vorderen Teil des Busses macht ein Hinterherziehen möglich.

Scheibensteckspiel

Auch dieses Steckspiel ist leicht herzustellen und kostet fast nichts.

Sie benötigen dazu:
Ein Holzbrett (Abfallholz) von ca. 40 cm Länge, 10 cm Breite und 4 cm Dicke, eine Bohrmaschine, 1 Holzbohrer, 4 Stangen, ca. 15 bis 20 cm lang, Holzkleber, gelochte Deckel nach Wahl.

So wird's gemacht:
Im Abstand von jeweils 5 cm wird ein Loch entsprechend dem Durchmesser der Holzstange gebohrt. Mit Klebstoff werden nun die Stangen in den Löchern befestigt. Gut trocknen lassen! Zum Aufstecken eignen sich Holzperlen oder -kugeln sowie Plastikdeckel von Kaffeedosen, Joghurtbechern und Käseschachteln, die in der Mitte ein Loch im Durchmesser der Stange erhalten. Pappdeckel und Bierdeckel werden mit verschiedenen Farben beklebt, bemalt und gelocht und können dann nach Farben sortiert aufgesteckt werden.

Spiele mit Wäscheklammern

Das Aufdrücken der Klammern erfordert viel Kraft für Zeigefinger und Daumen (Pinzettengriff). Zeigen Sie Ihrem Kind, daß sich die Klammern nur mit kräftigem Druck öffnen lassen. Zweijährige schaffen das anfangs nur mit Mühe. Zunächst haben die Kinder viel Spaß am Aus- und Einräumen der Klammern in Behälter, vor allem, wenn es mit Geräuschen verbunden ist.

Klammersonne

Auf einer runden Pappe, möglichst gelb bemalt oder beklebt, werden viele Wäscheklammern befestigt. Oft lassen sich Holzklammern leichter handhaben.

Klammerkrone

Für ein Indianerfest oder für ein Prinz- oder Prinzessinnenspiel werden viele bunte Klammern an einem 5 cm breiten Stirnband aus Pappe oder Wellpappe befestigt.

Wer will fleißige Puppeneltern sehen…

Zwischen zwei Stühlen oder zwei Bäumen wird eine Wäscheleine (Paketschnur) gespannt. Taschentücher, Puppenwäsche, Windeln, aber auch Zeitungspapier oder Papiertüten usw. können nun daran befestigt werden. Die »Arbeit« kann mit dem Lied von den fleißigen Waschfrauen versüßt werden. Beim Abnehmen der »Wäsche« sollten die Klammern vorsichtig geöffnet und nicht einfach herabgerissen werden. Wer schafft es, zwei Teile, die zusammengehören – wie Schuhe, Strümpfe, Handschuhe usw. – festzuklammern? Unterhaltsam wird das Spiel auch, wenn man sich gegenseitig Klammern ansteckt.

Hämmerchenspiel

Aus Abfallholz, ca. 10 cm breit, kann leicht eine kleine Werkbank zum Klopfen und Hämmern, eventuell auch zum Schrauben, hergestellt werden. Mit Holzhandbohrer oder Bohrmaschine werden zunächst beliebig viele Löcher hineingebohrt. Sie sollten enger als die hineinzusteckenden Holzdübel sein, damit diese nicht durchfallen. Beide Seiten des Brettes werden mit einem dicken Stück Holz oder Styropor unterklebt, so daß eine Bank entsteht (Holz- oder Styroporkleber verwenden). Nun können die Holzdübel so hineingeklopft werden, daß sie verschwinden und beim Umdrehen der Bank wieder auftauchen und mit neuem Schwung bearbeitet werden können. Hat Vater auch etwas zu werkeln, so macht es besonders viel Spaß, neben ihm zu hämmern.

Fädelspiele

Bierdeckel, die mit einem Locher unregelmäßig gelocht werden, können zu »Fummelspielen« werden, die an Mutters Näharbeiten erinnern und viel Konzentration und Geschick verlangen. Leicht kann mit Farbe oder bunter Folie aus dem Bierdeckel ein Frosch, Käfer oder Schmetterling gezaubert werden. Schwieriger wird das Fädeln mit Rundhölzern (Besenstiel), in die mit einem Bohrer Löcher gebohrt werden. Beim Auffädeln von Perlen, gelochtem Papier, zerschnittenen Trinkhalmen, gelochten Korkenscheiben, Nudeln usw. sollte der Faden so fest sein, daß keine Nadel verwendet werden muß. Es eignen sich:

1 Kästchen = 5 cm²

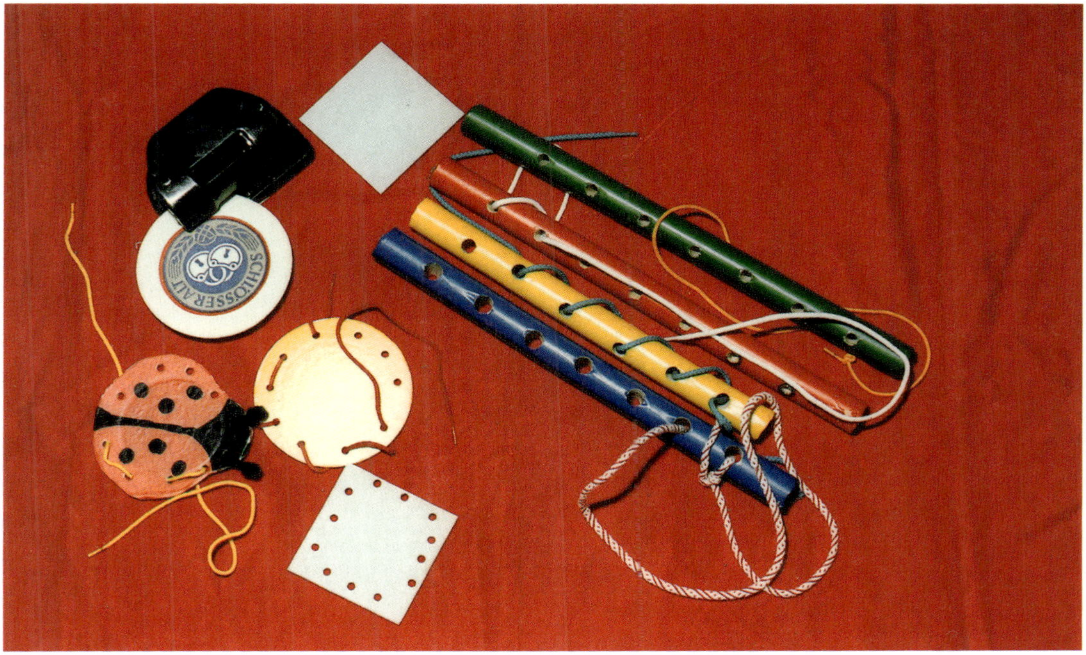

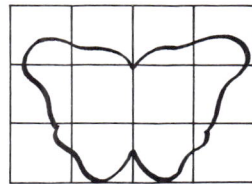

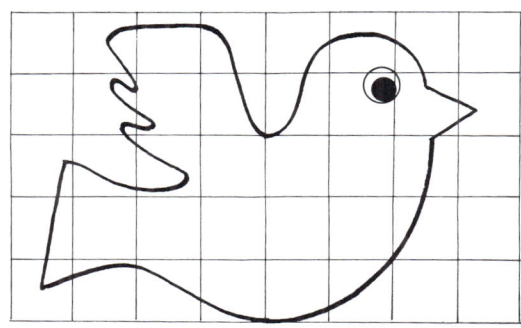

Schnürsenkel, Lederband, Perlonfaden oder dicke Wollfäden, deren Spitze mit Klebstoff verstärkt wird.

Teppichbodentiere

Aus Resten von Teppichböden können Sie schöne Tiermotive, Rechtecke und andere einfache Formen schneiden.
Ihr Kind kann die Motive mit Wollresten, Filz oder Watte verzieren, die auf der Oberfläche des Teppichbodens haften, ohne festgeklebt zu werden. Eine Aufgabe, die schon die Kleinsten erfüllen können. Diese Schmuckkunstbilder bilden auch erste Geschenkideen oder können das Kinderzimmer schmücken.

Puzzlespiel aus Salzteig

Bei diesen Spielen müssen Kinder besonders genau hinschauen, um unterschiedliche Formen und Größen richtig einordnen zu können. Für den Anfang sollten einfache Spiele bevorzugt und der
Schwierigkeitsgrad nur langsam gesteigert werden. Mit den Puzzlespielen aus
Salzteig können Sie Ihre eigenen Ideen
verwirklichen und gleich mehrere Spiele
herstellen.

Dazu brauchen Sie:
1 bis 4 große Deckel mit Rand (Keksdo-
sendeckel, Alufolienschale, Schuhkar-
tondeckel), 1 Nudelholz, 1 Schüssel zum
Anrühren, 3 bis 4 Ausstechförmchen
(Kreise in unterschiedlicher Größe und
andere Motive), 3 bis 4 Holzstäbchen mit
Perlen oder Pinnwandpicker für die Griffe, Klebstoff. 2 Tassen Mehl, 1 Tasse Salz,
1 knappe Tasse Wasser, 1 Eßlöffel Öl.
Zum Färben der Masse: Lebensmittelfarbe, Fingerfarbe.
Zum Anmalen: Plakatfarbe, Klarlack,
Lack in verschiedenen Farben.

Und so wird's gemacht:
Mehl, Salz, Wasser, Öl und Farbe werden zu einem geschmeidigen Teig verarbeitet. Damit sich die Salzkristalle auflösen, lassen Sie ihn mindestens zwei Stunden, besser eine Nacht, im Kühlschrank in einem Plastikbeutel ruhen. Anschließend durchkneten. Falls der Teig an den Händen klebt, geben Sie Mehl zu; ist er zu krümelig, fehlt Wasser.

Der Teig wird ca. 2 cm dick ausgerollt und so in einen Deckel gelegt, daß er mit diesem bündig abschließt. Für das erste Puzzle genügen drei bis vier Kreise in unterschiedlicher Größe, die als Förmchen in den Teig gedrückt werden. Pinnwandpicker oder ein Hölzchen, das mit einer Perle beklebt ist, werden nun in die Mitte der Motive gesteckt. (Die Pinnwandpicker müssen eventuell an den Spitzen etwas gekürzt werden, damit sie nicht durch den Teig stoßen.) Alle Teile werden nun 14 Tage an der Luft getrocknet, wobei die Ausstechförmchen mit Inhalt zunächst im Teig bleiben und erst nach einer Woche entfernt werden. Ist auch der untere Boden trocken, wird alles mit Lack versiegelt. Soll ein ungefärbter Teig angemalt werden, muß er besonders gut trocken sein. Mit Tusche und Plakatfarbe wird ein intensives Resultat erzielt. Größere Kinder helfen schon gern beim Kneten, Ausstechen und Anmalen. Als Mitbringsel stellen Salzteigpuzzle eine besonders individuelle Geschenkidee dar. Auch Mobiles aus anderen Ausstechformen wie Sterne, Mond, Sonne, Tiere, Herzen können leicht hergestellt werden. Hängen Sie die Motive anschließend an einen Zweig.

Erstes kreatives Gestalten

Das Experimentieren mit unterschiedlichen Materialien wie Knete (Salzteig), Kleister, Farbe, Wasser, Sand, Papier und anderen Dingen regt die Sinne auf vielfältige Weise an. Das Kind gewinnt wertvolle Erfahrungen, wenn es damit »arbeitet«. Die Gestaltung sollte ganz der Phantasie des Kindes überlassen bleiben, denn es wird noch lange dauern, bis es etwas gezielt malt oder bastelt. Oft sind Eltern versucht, zu sehr das Spiel nach ihren Vorstellungen zu beeinflussen. Zurückhaltung ist aber wichtig, denn sonst wird das Kind schnell mutlos und kann nicht mehr unbefangen und kreativ seine »Kunstwerke« gestalten.

Kneten ist eine gute Übung für die Fingermuskulatur. Durch das Öffnen und Schließen der Hände werden die Finger gekräftigt. Am geschmeidigen Material der Knete (siehe Rezept S. 84) haben auch schon die Kleinsten ihre helle Freude. Drücken, reißen, pressen, klopfen, rollen, schneiden oder Löcher bohren bereitet ihnen höchstes Vergnügen. Bald möchte das Kind dem Erwachsenen nacheifern und Plätzchen zum Backen ausstechen. Mit Nudelholz, Teigrädchen und vielen Ausstechförmchen läßt es sich gut experimentieren. Mit einem Knetmesser (Bastelladen) oder einem Plastikeinwegmesser kann man von einer selbstgerollten »Salzteigwurst« kleine Scheiben abschneiden. Wird Knete durch eine Knoblauchpresse gedrückt, gibt es »Spaghetti«. Eine »Großbäckerei« entsteht zu Weihnachten und Ostern, wenn aus Salzteig viele Motive ausgestochen werden, die Tannenbaum oder Osterstrauch schmücken. Die Schmuckmotive erhalten ein Loch (mit Schaschlikstab) und einen Perlon- oder Wollfaden (Geschenkband) zum Aufhängen nach dem Trocknen. Bunt lackiert sehen sie besonders schön aus.

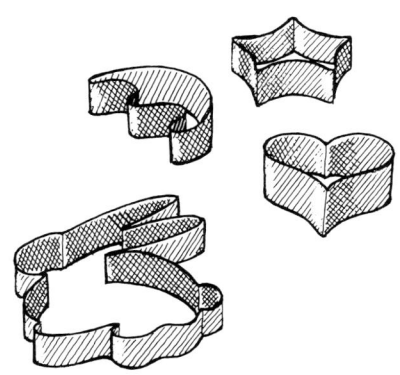

Wollt ihr fleißige Bäcker seh'n *volkstümliches Spiellied*

Wollt ihr flei-ßi-ge Bäk-ker seh'n,

müßt ihr zu den Kin-dern geh'n.

O wie fein, o wie fein,

der Pe-ter kne-tet ganz al-lein.

2 – Schaut mal her, schaut mal her,
das Ausrollen ist gar nicht schwer.

3 – Welch ein Spaß, welch ein Spaß,
fertig ist der kleine Has'.

4 – O wie fein, o wie fein,
nun kommt der Teig zum Ofen rein.

5 – Laßt mal schau'n, laßt mal schau'n,
das Häschen ist ja kaffeebraun.

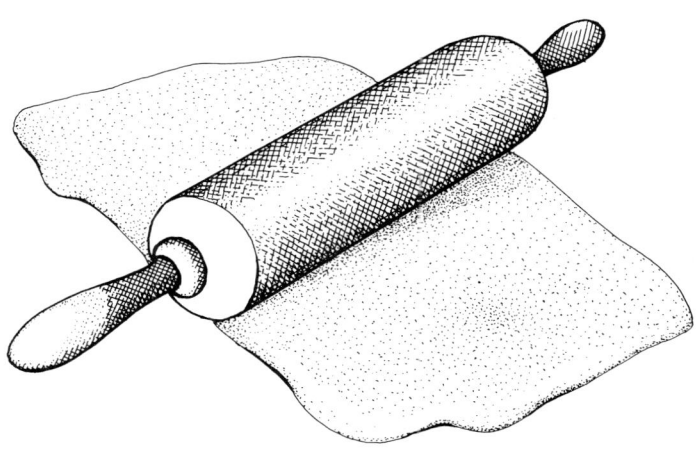

Selbstgefertigte Knete aus Salzteig

Da diese Knete besonders geschmeidig ist, eignet sie sich besser als gekaufte. Nach folgendem Rezept wird sie Ihnen gut gelingen:

400 g Mehl, 200 g Salz, 2 Eßl. Alaunpulver (Apotheke), 400 ml heißes Wasser, 4 Eßl. Öl, Lebensmittelfarbe oder Fingerfarbe zum Färben des Teiges.

Die Zutaten werden gut miteinander vermischt und in der Küchenmaschine oder mit dem Rührstab durchgeknetet. Die Knetmasse bleibt ein halbes Jahr lang geschmeidig, wenn sie nach Gebrauch luftdicht verschlossen (Plastiktüte) im Kühlschrank aufbewahrt wird. Anfangs genügen zwei Farben, doch auch ungefärbter Teig begeistert die Kinder. Soll er nach dem Trocknen angemalt werden, bieten sich Wasserfarben (Tusche) oder Plakatfarbe an. Klarlack macht die Sache glänzend.

Phantasievolle Klebebilder

Zum Kleben eignen sich Papier, Pappe, Wollfäden, bunte Watte, Samen usw. und im Herbst bunte Blätter und Blumen (getrocknet).

Da das Kind viel Klebstoff verbraucht, sollte er preiswert und ungiftig sein. Gut eignet sich Tapetenkleister, der nach Packungsvorschrift angerührt wird. Bombenfest klebt auch der selbstgekochte Leim.

Dazu brauchen Sie:

100 g Mehl, 300 ml Wasser, 1 Teel. Salz. In einem kleinen Topf werden Wasser, Salz und Mehl so angerührt, daß keine Klumpen entstehen, und 5 Minuten unter ständigem Rühren gekocht. Eventuell muß etwas Wasser zugegeben werden, so daß eine cremige Masse entsteht. Der Leim hält sich in einem Schraubglas im Kühlschrank sehr lange.

Und nun kann's losgehen: Die Arbeitsfläche können Sie mit einem Wachstuch oder mit Papier (Packpapier, Zeitungen) abdecken. Auf einem großen Kartonblatt, Pappe oder Partyteller wird der Leim mit den Händen oder einem breiten Pinsel aufgetragen. Nach gründlichem Händewaschen kann alles auf die Leimfläche geklebt werden. Der künstlerischen Komposition sind keine Grenzen gesetzt. Kleine Dinge aufzukleben, erfordern Konzentration, Geschicklichkeit und Ausdauer. Beim Reißen von Papierschnipseln kann noch etwas geholfen werden. Es eignen sich Illustrierte, Kataloge, Prospekte, buntes Papier, Urlaubskarten usw. Zum Trocknen sollte das Blatt mit Büchern beschwert werden, damit sich das Werk nicht wellt. Überlegen Sie gemeinsam mit dem Kind, wo das Kunstwerk aufgehängt werden soll oder wen man damit erfreuen kann.

Balkon-Windlicht oder Blumenvase

Hat Ihr Kind schon etwas Erfahrung mit dem Kleben, kann es mit wenig Hilfe diese Bastelei bewältigen.

Dazu benötigen Sie:
1 Marmeladen- oder Honigglas mit breiter Öffnung, viele bunte Transparentpapierschnipsel, selbstgekochter Leim oder Tapetenkleister, eventuell 1 Pinsel, 1 Teelicht.
Für die Blumengefäße eignen sich große Joghurt- oder Quarkbecher.

Und so wird's gemacht:
Das Gefäß wird mit Leim bestrichen und nach dem Händewaschen mit vielen Schnipseln beklebt und glattgestrichen. Es darf auch übereinandergeklebt werden. Dadurch entstehen oft besonders interessante Farbeffekte. Anschließend kommt ein Teelicht in das Glas und wird mit einem langen Streichholz angezün-

ner Gutenachtgeschichte klingt der Tag
leichter aus.

Stempeldruck-Spiele

Drucken mit Wein- oder Sektkorken beflügelt kleine und große Kinder gleichermaßen und bietet sich als Familienspiel
an. Während die Kleinen ihr Vergnügen
im bloßen Stempeln finden, werden die
Großen mit einem Motiv, wie Baum,
Haus oder Blumenwiese, schon etwas
mehr gefordert.
Sparsamer wird der Farbverbrauch,
wenn Sie sich ein Stempelkissen selbst
herstellen. Dazu nehmen Sie Deckel von
Schraubgläsern oder Plastikdeckel und
legen sie mit Schaumstoff oder Filz aus.
Verteilen Sie darauf ca. 1 Teelöffel Fingerfarbe und zeigen Sie Ihrem Kind die
Stempeldrucktechnik. Mehrere Farben
erfordern viele Korken, doch auch das
Vermischen von Farbe läßt effektvolle
Kompositionen entstehen.
Je nach Jahreszeit passen folgende Lie-
der: »Schneeglöckchen, Weißröckchen«,
»Schnee, Schnee, Schnee, Schnee, wohin
ich seh'« (Seite 69), »Im Garten steht ein
Schneemann« (Seite 69), »Grün, grün,
grün sind alle meine Kleider«.

> *Auf der grünen Wiese*
> *steht ein großer Baum,*
> *trägt so schöne Blätter,*
> *sind herrlich anzuschaun.*
> *Rote, gelbe, grüne,*
> *eins und zwei und drei,*
> *rote, gelbe, grüne*
> *Farben sind dabei.*
> (Melodie: »Auf der grünen Wiese«,
> S. 26.)

det. Bei so einem gemütlichen Schum-
merstündchen können Laternen- oder
Abendlieder gesungen werden. Mit ei-

Zum Stempeln und Malen vieler bunter Blumen eignet sich nach gleicher Melodie folgender Text:

Auf der grünen Wiese
blühen Blümelein,
möcht' sie gerne pflücken,
ach, das wäre fein!
Rote, gelbe, blaue,
einen bunten Strauß.
Rote, gelbe, blaue
nehm' ich mit nach Haus.

Stell' sie in die Vase,
herrlich sieht das aus,
meine Mami freut sich
über'n Blumenstrauß.
Rote, gelbe, blaue,
bunt ist jetzt mein Strauß.
Rote, gelbe, blaue
schmücken jetzt das Haus.

Malspiele

Malen entspannt und ist ein Vergnügen, das sich nach Tobespielen oder zum Tagesausklang anbietet. Farbe hautnah spüren und mit allen Sinnen zu erleben, ist ein Vergnügen besonderer Art. Das Kind braucht dazu viel Platz, da es noch mit dem ganzen Körper in weit ausholenden Bewegungen malt. Einen vergnüglichen Farbenschmaus erlebt das Kind, wenn es die Farbe auf nackte Haut malt, wozu sich ein Garten oder Badewannenplatz anbietet. Besonders in Gruppen oder mit anderen Kindern macht das gegenseitige Anmalen Spaß.
Leicht lassen sich zur Erinnerung an diese Freude Fuß- oder Handdruck auf weißem Kartonpapier herstellen.
Ein aus einem Karton erstelltes »Eigenheim«, eine aus mehreren Kartons beste-

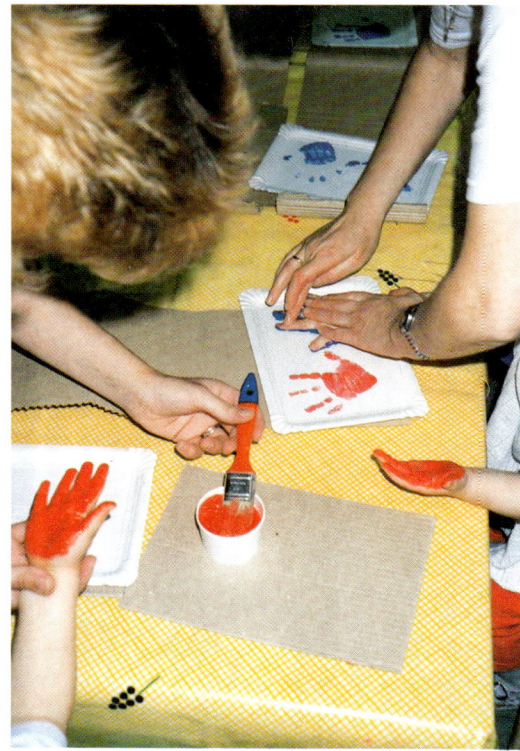

hende Bahn oder ein Kartonauto malen auch schon Kleinkinder gern nach eigenem Geschmack mit Händen oder Pinsel an.

Mit den Fingern können herrliche Druckbilder entstehen. Dazu werden die Fingerspitzen in Farbe getaucht und viele kleine Punkte auf Papier, Pappe oder Partyteller gebracht. In die Mitte des Bildes kann dann ein Foto geklebt werden, wodurch ein Geschenk besonderer Art entsteht.

Das Malvergnügen in der Wohnung sollte gut vorbereitet werden. Damit die Malfläche nicht verrutscht, wird das Papier, die Tapetenreste oder das Packpapier mit Klebeband auf den Tisch festgeklebt. Zum Malen eignen sich Wachsmalstifte oder -blöcke. Es gibt auch ungiftige Fingerfarbe aus Lebensmittelfarbe. Für weniger Geld können Sie die Fingerfarbe selbst herstellen, siehe nachstehendes Rezept. Eine alte Bluse oder ein Oberhemd, das hinten geknöpft wird, stellen eine ideale Schutzkleidung dar. Sorgen Sie für Papierhandtücher und Wasser oder anschließenden Badespaß.

Nicht alle Kinder haben gleichermaßen Freude am Farbemanschen. Auf behutsame Weise kann diesen Kindern mit Hilfe eines Pinsels, Stöckchens oder Schwamms der Umgang mit dem Material vertraut gemacht werden. Oft überträgt sich auch der Spaß in einer Gruppe. Das Malen nach Musik ist eine besondere Form des gelockerten Umgangs mit Farbe.

Rezept für selbstgemachte Farbe:
1 Tasse Mehl, 1 Tasse Wasser, etwas Fingerfarbe oder Lebensmittelfarbe werden zu einer dicklichen Creme verrührt.

Gekochte Farbe:
1 Tasse Mehl, 2 Tassen Wasser, etwas Zitronensaft zum Kochen bringen. Teilen Sie den Teig in 2 bis 4 Portionen und geben Sie unterschiedliche Finger- oder Lebensmittelfarben dazu. Die Farbe hält in einem Schraubglas im Kühlschrank einige Tage.
Zur Begleitung eignet sich folgendes Lied:

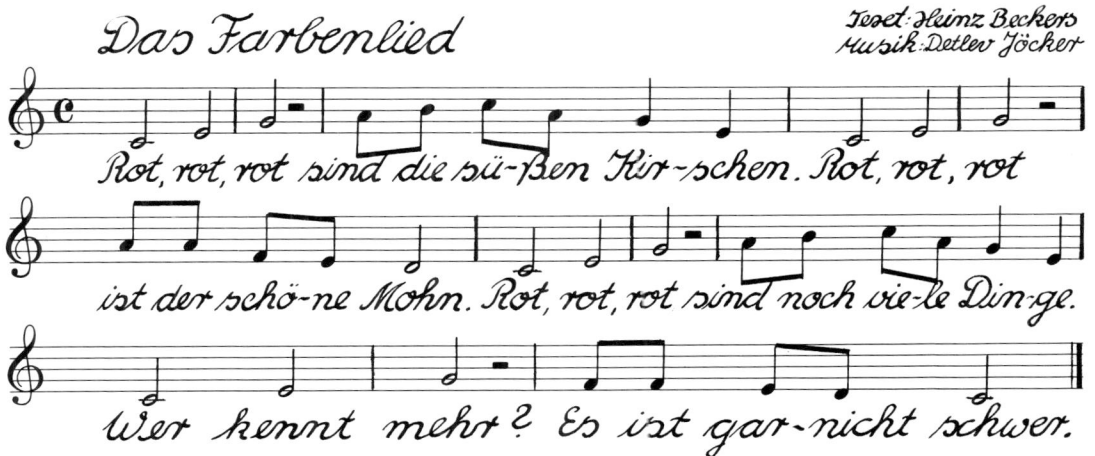

Das Farbenlied

Text: Heinz Beckers
Musik: Detlev Jöcker

Rot, rot, rot sind die sü-ßen Kir-schen. Rot, rot, rot ist der schö-ne Mohn. Rot, rot, rot sind noch vie-le Din-ge. Wer kennt mehr? Es ist gar-nicht schwer.

2 – Blau, blau, blau strahlt der Sommerhimmel.
Blau, blau, blau blüht der Enzian.
Blau, blau, blau sind noch viele Dinge.
Wer kennt mehr? Es ist gar nicht schwer.

3 – Grün, grün, grün ist die Blumenwiese.
Grün, grün, grün ist der Blätterbaum.
Grün, grün, grün sind noch viele Dinge.
Wer kennt mehr? Es ist gar nicht schwer.

4 – Gelb, gelb, gelb ist die schöne Sonne.
Gelb, gelb, gelb leuchtet nachts der Mond.
Gelb, gelb, gelb sind noch viele Dinge.
Wer kennt mehr? Es ist gar nicht schwer.

Allerlei aus Gips

Schätze, die von den Kindern auf Spaziergängen oder anderen Entdeckungsreisen gesammelt wurden, können bei diesem Spiel zu einer kreativen Gestaltung führen.

Dazu brauchen Sie:
1 Schüssel, 1 Holz- oder Rührstab, Gips aus dem Baumarkt, Pappteller, Deckel eines Schuhkartons oder Formen aus Alufolie, 1 Milchdosenöffner, eine dicke Kordel/Schnur, gesammelte Utensilien wie Steine, Muscheln, Seesterne, Tannenzapfen oder andere Früchte des Waldes (getrocknet), Federn und alles, was das Kind schön findet.

Und so wird's gemacht:
Gips nach Packungsanweisung anrühren (2 Teile Gips, 1 Teil Wasser). Füllen Sie den glatt angerührten Gipsbrei in das vorbereitete Gefäß, in das Sie vorher mit dem Milchdosenöffner zwei Löcher eingedrückt haben. Ziehen Sie eine Kordel zum Aufhängen durch. Auf den inzwischen fest gewordenen Gips (geht sehr schnell) kann das Kind seinen »Schmuck« verteilen und festdrücken. Aufpassen, daß die Dinge nicht im Brei verschwinden. In unseren Gruppen haben die Kinder den Gipsbrei mit wenig Hilfe der Erwachsenen allein angerührt. Zweckmäßigerweise sollte der Tisch mit Zeitungspapier abgedeckt und den Kindern eine Schutzkleidung angezogen werden. Alle Arbeitsgeräte müssen sofort abgewaschen werden, da der Gips schnell bindet.

Eine Alternative stellt der *Salzteig* dar. Auf dem ca. 4 cm dick ausgerollten Teig, können die Kinder ebenfalls sehr schön ihre Bilder gestalten. So können auf grün gefärbtem Salzteig Blumenwiesen mit getrockneten Blumen entstehen. Für die Weihnachtszeit eignen sich Tannen-

zapfen, Erlenfrüchte und Nüsse. Der Salzteig trocknet in ca. 14 Tagen an der Luft. Leicht lassen sich mit etwas Hilfe kleine Mäuse oder Igel formen, wobei es nicht auf die Genauigkeit ankommt. Größere Kinder schaffen es allein, die Igel mit Apfel-, Melonen- oder Sonnenblumenkernen zu spicken. Kleine Stöckchen oder Zahnstocher lassen sich noch besser greifen. Die kleinen Igel werden im Heu oder Laub oder unter Tüchern versteckt. Wer findet sie?

Wenn sich die Igel küssen — Text und Melodie: Johannes Kuhnen

Wenn sich die I-gel küs-sen, dann müs-sen, müs-sen, müs-sen sie ganz, ganz fein be-hut-sam sein.

Musikspiele oder das Experimentieren mit Tönen und Geräuschen

Schon Babys horchen auf, wenn einfache Melodien oder andere zarte Geräusche erklingen. Kleinkindern macht es ungeheuren Spaß, mit einfachen Mitteln Töne und Geräusche zu erzeugen und damit zu experimentieren. Auf diese Weise üben sie nicht nur musikalische Fähigkeiten, sondern schärfen alle Sinne und trainieren nebenbei spielerisch Grob- und Feinmotorik. Kinder drücken ihre Empfindungen unbefangen über den Körper aus und schon bald wiegen sie sich rhythmisch, tanzen, klatschen, trampeln und stampfen zu bekannten Melodien. Beim Singen stehen daher Lieder, die zu Bewegung und gemeinsamem Tun auffordern, im Vordergrund.

Zunächst lieben es Kleinkinder, Krach zu machen, wozu sich viele Dinge des Haushaltes eignen: Topfdeckel, umgedrehte Eimer, Töpfe, Kartons, Dosen, Holzlöffel, Schneebesen usw. Besonders reizvoll aber wird das Orchester mit selbstgemachten Instrumenten, die leicht nachzufertigen sind.

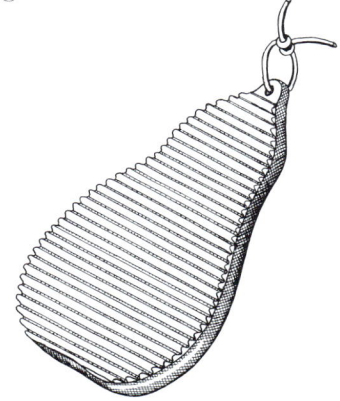

Eine **Ratsche** können Sie aus einem Holz- oder Küchenbrett herstellen, indem Sie von beiden Seiten Wellpappe mit Doppelklebeband befestigen und den Rand mit Stoffklebeband umkleben.

Mit Händen oder einem Holzlöffel, auch mit einer Bürste, lassen sich besondere Geräusche hervorzaubern.

Nach der Melodie: »Hopp, hopp, hopp« kann der folgende Text dazu gesungen werden:

Ritsche, ratsche, rei,
kommt alle schnell herbei.
Hört mal dieses Brettchen an,
wie es so schön singen kann.
Ritsche, ratsche, rei,
kommt alle schnell herbei.

Trommeln aus unterschiedlichen Dosen kann sich der kleine Trommler gut umhängen, wenn Sie mit Stoffklebeband eine Schnur daran befestigen. Gut eignen sich Kindermilchpulverdosen, Kaffee- oder Keksdosen, die Sie nach eigener Phantasie mit Glöckchen oder bunter Klebefolie verzieren. Größere Kinder können die Trommeln auch mit Kleister und Papierschnipseln versehen. Einen schönen Klang hat eine leere Waschmitteltonne, die mit einem Fensterleder bespannt wird. Gern gehen die Trommler durch den Raum und können mit Holzstäben oder Kochlöffeln ihren eigenen Rhythmus zu folgendem Lied auf die Melodie von »Hopp, hopp, hopp« schlagen.

Bum, bum, bum, der Trommler geht herum.
Mal laut, mal dumpf, mal leise
spielt er auf seine Weise.
Bum, bum, bum, der Trommler geht herum.

Ein erstes **Schlagzeug** ist ebenfalls schnell hergestellt. Am besten eignet sich dazu eine Holzkiste (Weinkiste), in die unterschiedliche Dosen gestellt werden. Ein Schneebesen, mit Glöckchen behängt und in die Kiste gestellt, erhöht die Experimentierfreude. Mit einem Metall- oder Holzlöffel oder Stäben, die mit Stoff, Watte oder Schaumstoff umwickelt werden, kann der »Schlagzeuger« nun nach Herzenslust »Musik« machen.

Flöten und Trompeten lassen sich gut aus leeren Toiletten- oder Haushaltspapierrollen fertigen, in die 3 bis 4 Löcher in gleichmäßigem Abstand hintereinander geschnitten werden (siehe Zeichnung). Durch das Hineinsummen kann die Wiedergabe des Tones verändert werden, indem Sie die Löcher auf- oder zuhalten.

Dazu paßt nach der Melodie »Hopp, hopp, hopp« das folgende Lied:

Tüdelüdelit, macht doch alle mit,
das Flöten ist doch gar nicht schwer,
seht mal alle zu mir her.
Tüdelüdelit, macht doch alle mit.

Eine **Ziehharmonika** wird aus Papptellern oder Plastikdeckeln (Quark- oder Joghurtdosendeckel) und raschelnden Plastiktüten (Einkaufstüten) gezaubert. In die Mitte von zwei Papptellern oder zwei Plastikdeckeln wird ein fünfmarkstückgroßes Loch geschnitten, so daß die Tüte durchpaßt. Nun wird sie bis zur Hälfte durch das Loch gezogen. Das eine Ende der Tüte wird fest zugebunden. Nachdem ein wenig Luft in die Tüte gepustet wurde, bindet man auch das an-

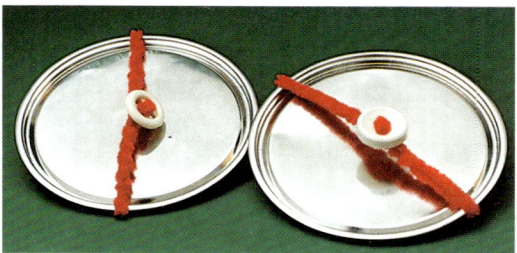

dere Ende der Tüte fest zu. Durch die Luft ist die Tüte etwas aufgebläht und kann leichter zusammengeschoben und wieder auseinandergezogen werden.
Mit Stoffklebeband werden die Teller bzw. Deckel zusammengeklebt und gleichzeitig verstärkt. Auf geht's nun mit »Quetschkommode« und Gesang wieder nach der Melodie »Hopp, hopp, hopp«:

Dideldadeldum, hört euch alle um,
meine Ziehharmonika
klingt ja heut' so wunderbar.
Dideldadeldum, hört euch alle um.

Für die **Zimbeln** eignen sich besonders gut Deckel von Marmeladengläsern, Milchnahrungs- und Keksdosen. Mit einem Milchdosenöffner werden am Rand zwei sich gegenüberliegende Löcher ge-

stanzt. Mit einem Pfeifenputzer oder einem festen Band, das durch die Öffnungen gezogen wird, kann eine Halterung hergestellt werden. Für kleine Hände eignet sich ein großer Knopf, der in der Mitte der Halterung befestigt wird. Die Zimbeln werden nun zusammengeschlagen, wodurch ein helles »Peng, Peng« ertönt.

Viele unterschiedliche **Sambarasseln** entstehen aus Milchflaschenhütchen, leeren Filmdosen, Joghurtbechern oder verschiedenen Deckeln. Mit breitem Stoffklebeband werden zwei Teile zusammengeklebt, nachdem zuvor Erbsen, Perlen, Reis, Nudeln oder Kieselsteine, auch Sand, Grieß, Zucker oder Kerne usw. in die Behälter gefüllt wurden. Unterschiedliche Deckel, wie Keksdosen-, Marmeladenglas- oder Saftflaschendek-

kel, werden mit einem Dosenöffner durchbohrt und mit einem stabilen Band miteinander verbunden. Nach Herzenslust kann nun gerüttelt und geschüttelt und nach der Melodie von »Hopp, hopp, hopp« folgender Text gesungen werden:

Sitt, sitt, sitt, tanzt doch alle mit.
Meine Sambarassel singt,
wenn ihr sie recht kräftig schwingt.
Sitt, sitt, sitt, tanzt doch alle mit.

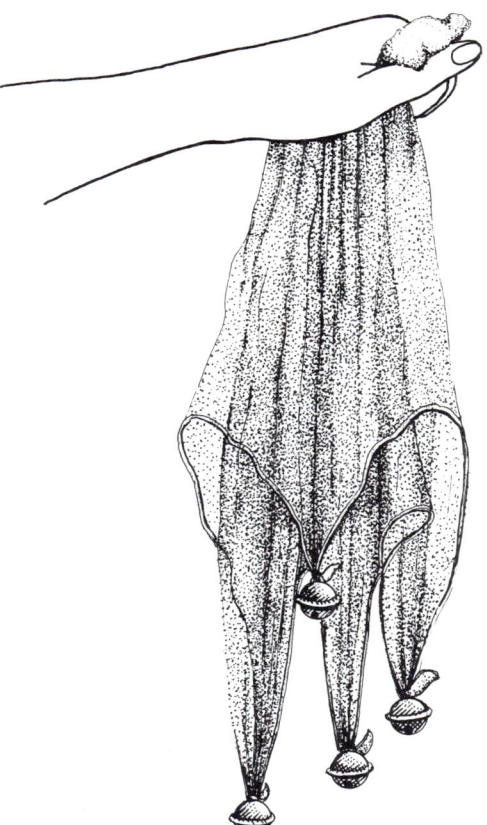

ken- oder anderen Metallverschlüssen sowie ein oder zwei Glöckchen herstellen. Mit einem Milchdosenöffner wird jeweils ein Loch in die Metallverschlüsse gebohrt und mit einem dicken Band an einem Ende der Küchenrolle befestigt. Die Küchenrolle kann nach eigener Phantasie bemalt oder verziert werden, was die Sache noch attraktiver macht. Auch Tücher ergeben Tonquellen, wenn sie an den Ecken mit Glöckchen versehen werden. Die Kinder können damit winken oder durch den Raum laufen und tanzen.

Ein **Glöckchenstab** läßt sich aus einer leeren Küchenpapierrolle und Kronkor-

Pappteller, Joghurt- oder Quarkbecher- deckel sowie eine stabile Pappscheibe werden leicht zum *Schellentamburin,* in- dem sie am Rand mit Löchern versehen werden. Kronkorken und andere Metall

verschlüsse werden mit einem Milchdo- senöffner gelocht und mit einem Band sowie einigen Glöckchen locker an die Deckel gefädelt.

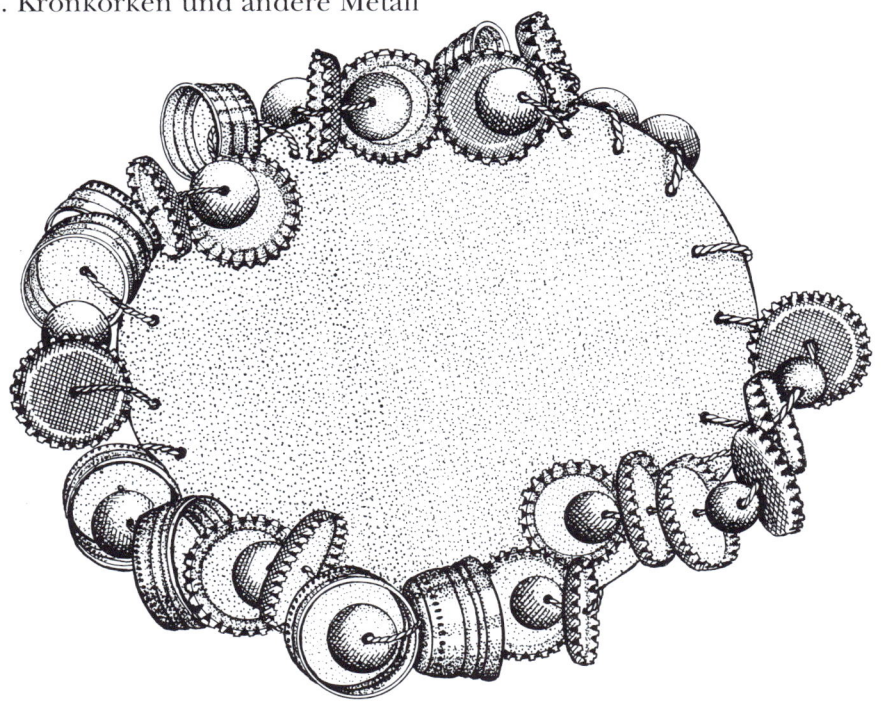

Eine **Zupfgeige** entsteht, wenn in den Rand eines Pappkartons (leere Wasch- mitteldose) in regelmäßigen Abständen Löcher gestanzt (Milchdosenöffner, Bohrer, spitze Schere) oder gebohrt wer- den, durch die dann ein Hutgummiband gezogen wird. Durch die unterschiedli- che Spannung des Gummis ergeben sich verschiedene Töne.

Auf unseren selbstgebastelten und leicht nachzufertigenden »Instrumenten« können Sie gemeinsam mit Ihrem Kind auf die musikalische Entdeckungsreise gehen. Fröhliche »Hauskonzerte« helfen, die Begeisterung und Neugier für die Musik zu erhalten.

Wir sind die Musikanten... volksweise

Wir sind die Mu-si-kan-ten und kom-men aus (Ort einsetzen)

Wir kön-nen spie-len auf de-er Gei-ge.

Fidi gei gei gei, fidi gei gei gei, fidi gei gei gei gei gei.

Rollen- und Nachahmungsspiele

Kinder lernen durch Beobachten und Nachahmung. Es bereitet ihnen Spaß, in einfachen Nachahmungsspielen neue Ausdrucksformen, Bewegungen und Tätigkeiten zu imitieren. Besonders gern werden anfangs vertraute Wesen, deren Mimik, Gestik, Bewegung und Sprache wiedergegeben. Zunehmend lernt es, sich mit anderen Personen und Sachen zu identifizieren und sich einmal anders zu verhalten. Mit Hand- und anderen Puppen oder Stofftieren erlebt es seine eigene Welt im ernsthaften Nachspiel. Schon Zweijährige ahmen gern Autos, Flugzeuge, Feuerwehr oder Tiere ihrer Umgebung wie Hund, Katze oder Vogel nach. Besonderes Interesse bringt es den Tätigkeiten von Vater und Mutter entgegen, die es begeistert nachmacht. Berufe, die immer wieder in der Welt des Kindes auftauchen, wie Arzt, Handwerker, Verkäufer, Postbote oder Polizist, werden gern imitiert. Oft kann das Kind auf diese Weise auch unangenehme Dinge, beispielsweise den Besuch beim Arzt, besser verkraften; es lernt, sich mitzuteilen und Probleme zu lösen. Zu einstudierten Theater- oder Kasperlespielen ist ein Kleinkind noch nicht bereit, gefragt sind vielmehr spontane, nach eigener Phantasie erfundene Nachahmungsspiele, die dem direkten Erlebnisbereich entspringen. Märchen, Reime und Lieder werden von Kleinkindern unbefangen nachgespielt, wenn es mit anderen Kindern in einer Gruppe dazu die Möglichkeit bekommt. Anfangs brauchen Kinder kaum Requisiten, diese gewinnen erst mit zunehmendem Alter an Bedeutung. Es lohnt sich aber, einige Verkleidungssachen bereitzuhalten, denn mit älteren Freunden oder in der Gruppe wächst die Lust, sich zu verkleiden.

Wollt ihr fleißige Puppeneltern seh'n,
müßt ihr zu den Kindern geh'n.
Sie kochen, waschen, bügeln, tanzen…
(Melodie: »Wollt ihr fleißige Handwerker seh'n«, S. 83.)

Bei diesem einfachen Rollenspiel können die Kinder viele Dinge des täglichen Lebens nachspielen. Dazu braucht es keine teuren, perfekt funktionierenden Geräte. Stabile Kartons und andere einfache Dinge des täglichen Lebens genügen vollkommen und regen die Phantasie an.

So werden aus Bausteinen »Würstchen« oder »Schnitzel«, die mit »Kastanienkartoffeln« serviert werden. Im Backofen steht ein Sandkuchen für den Puppen-

geburtstag. Spaß macht es auch, Pudding auf kaltem Wege anzurühren, der mit Bananenscheiben oder Schokostreuseln verziert wird. Anfangs wird sicher die Unterstützung eines Erwachsenen das Spiel in Schwung bringen. Dem kleineren Kind ist es wichtiger, mit Töpfen, Pfannen und Schüsseln zu hantieren. Ein stabiler Karton erfüllt den Zweck eines Herdes vollkommen.

Heute ist Waschtag

Eine Menge Puppenwäsche muß gewaschen werden. Eine Wäscheleine wird zwischen zwei Stühle gespannt. Aus einem Karton entsteht eine Waschmaschine, in die die Wäsche kommt. Kleinere Kinder hängen die Wäsche ohne Klammern auf. Die Größeren spielen gern mit Klammern und üben dabei die Handmuskulatur. Nach dem Aufhängen spielen die Kinder den Wind, der die Wäsche schnell trocken bläst. Nun kann die Wäsche gebügelt werden. Als Bügeleisen dient ein großer Baustein oder ein Stück Holz. Früher wurde die Wäsche gemangelt, was gut mit einem Nudelholz imitiert werden kann.

Das Lied von den fleißigen Waschfrauen eignet sich zur Untermalung.

Bastelanleitung für Puppenherd und Waschmaschine:

Aus stabilen Kartons, die Sie gemeinsam bemalen oder bekleben, werden leicht Herd oder Waschmaschine. Werden die Kartons mit Folie beklebt, sind sie haltbarer und können abgewaschen werden. Für die Waschmaschine eignet sich besonders gut ein leerer Waschmittelkarton.

Weiter benötigen Sie: 1 Rolle Selbstklebefolie oder Tapetenreste, 1 wasserfester Stift (Folienschreiber), um die Herdplatten aufzumalen, 2 bis 4 Schalter (Schraubverschlüsse von Flaschen oder gelochte Holzscheiben), 1 Milchdosenöffner zum Lochen der Plastikverschlüsse, 2 bis 4 Schrauben mit Gegenschrauben. Für Backofen und Waschmaschine werden Türen ausgeschnitten. Die Türen werden mit durchsichtiger Folie von innen beklebt. Zum Schluß werden die Griffe in Form einer kleinen Holz- oder Plastikscheibe angeschraubt oder angeklebt. Auch große Holzperlen eignen sich. Wenn Sie die Kartons lieber anmalen, verwenden Sie am besten Finger- oder Plakatfarbe.

Puppenbadespaß

Dieses Rollenspiel ist nicht geschlechtsspezifisch und Jungen wie Mädchen können sich gleichermaßen dabei austoben. So zu tun, wie Mutter und Vater, ist reizvoll, und unbefangen werden die Rollen getauscht. Besonders wertvoll sind diese Spiele, wenn ein Geschwisterkind dazu gekommen ist und alles, was die Mutter mit dem Baby

macht, nachgespielt werden kann. Spiel-utensilien ergeben sich aus dem alltäglichen Leben. »Alle meine Entchen« und andere Lieder stimmen zum fröhlichen Baden ein. Gehen die Puppenkinder schlafen, bringt folgender Vers die Schlafstimmung, die sich eventuell auch auf die Puppeneltern überträgt.

Schlaf, mein kleines Püppchen,
schlafe ganz schnell ein.
Der Mond und auch die Sternelein,
die schauen schon zum Fenster rein.
Schlaf, mein kleines Püppchen,
schlafe ganz schnell ein.

Trara, die Post ist da!

Im Mittelpunkt dieses Rollenspieles steht als Briefkasten ein Karton, den Sie mit dem Kind gemeinsam anmalen oder mit gelber Folie bekleben und mit unterschiedlichen Einwurfschlitzen versehen können. Eine Umhängetasche für die auszutragenden Briefe, ein Posthorn, Telefon, Stempel und Stempelkissen, ein Locher und viele Urlaubskarten, Briefumschläge, Papier und Stifte vervollständigen das kleine Postamt. Als Klebemittel für Briefe und Briefmarken (selbstgeschnittene) genügt der preiswerte und gesundheitlich unbedenkliche Mehlkleister (siehe Seite 84). Zum Stempeln wird Fingerfarbe mit Sekt- oder Weinkorken auf die Post gedruckt. Eine Mütze mit Postsymbol, dazu ein selbstgebasteltes Posthorn aus Wasserschlauch und Trichter sind beliebte Utensilien. Ein Besuch beim Postamt beflügelt die Phantasie.

Bastelanleitung für das Posthorn:
Aus einem Trichter und einem Stück Plastikschlauch (Garten- oder Baucenter) von ca. 60 cm Länge und der Dicke des Trichters entsprechend, läßt sich leicht ein Posthorn herstellen. Der Trichter wird an dem einen Ende des Schlauches mit Kontaktkleber befestigt. Anschließend wird der Schlauch zum Kreis zusammengelegt und mit Gewebeband fixiert, so daß ein Posthorn erkennbar wird, das mit lautem Trara die Post ankündigen kann. Viel Spaß!

Tra-ri-ra, der Postmann, der ist da!
Bringt Pakete, bringt uns Päckchen,
Karten, Briefe in dem Säckchen.
Tra-ri-ra, der Postmann, der ist da!

Tra-ri-ra, ein Brief für mich ist da!
Oma schickt mir viele Grüße,
schreibt, daß sie mich sehen müsse.
Tra-ri-ra, ein Brief von Omama.
(Melodie: »Hopp, hopp, hopp, Pferdchen lauf Galopp«.)

»Ach, lieber Doktor Puppenmann«

Manchmal beeindruckt ein Besuch im Krankenhaus oder eine Untersuchung beim Arzt (Zahn- oder Augenarzt) so sehr, daß sich ein neues Rollenspiel anbietet. Damit können Ängste abgebaut oder ein bevorstehendes Ereignis, wie Krankenhaus oder Arztbesuch, gut vorbereitet werden. Für kleinere Kinder ist zunächst der Erwachsene der beste Spielpartner.

Dazu brauchen Sie keine teuren Requisiten. In der Phantasie der Kinder können sich alltägliche Dinge leicht in entsprechende Spielutensilien verwandeln. So werden weiße Bluse oder Oberhemd zum Arztkittel, alte Handtücher oder Mullwindeln zu Verbandsmaterial. Aus leeren Filmdöschen und anderen Gefäßen werden Arzneibehälter, die mit Tee oder Wasser gefüllt werden können. Es sind auch keine echten Medikamente nötig, da Kinder sich gut mit imaginären Medikamenten zufriedengeben. Auf kei-

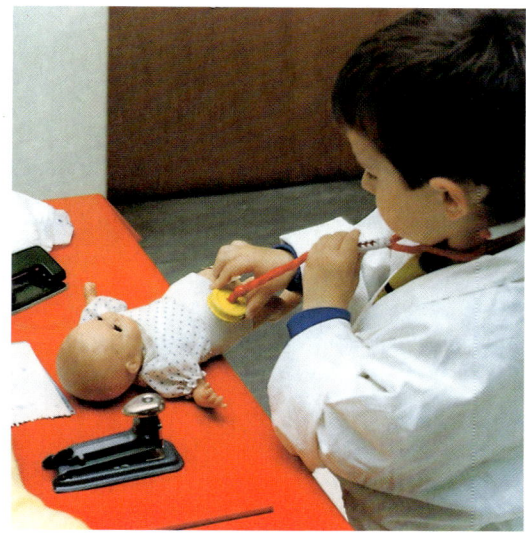

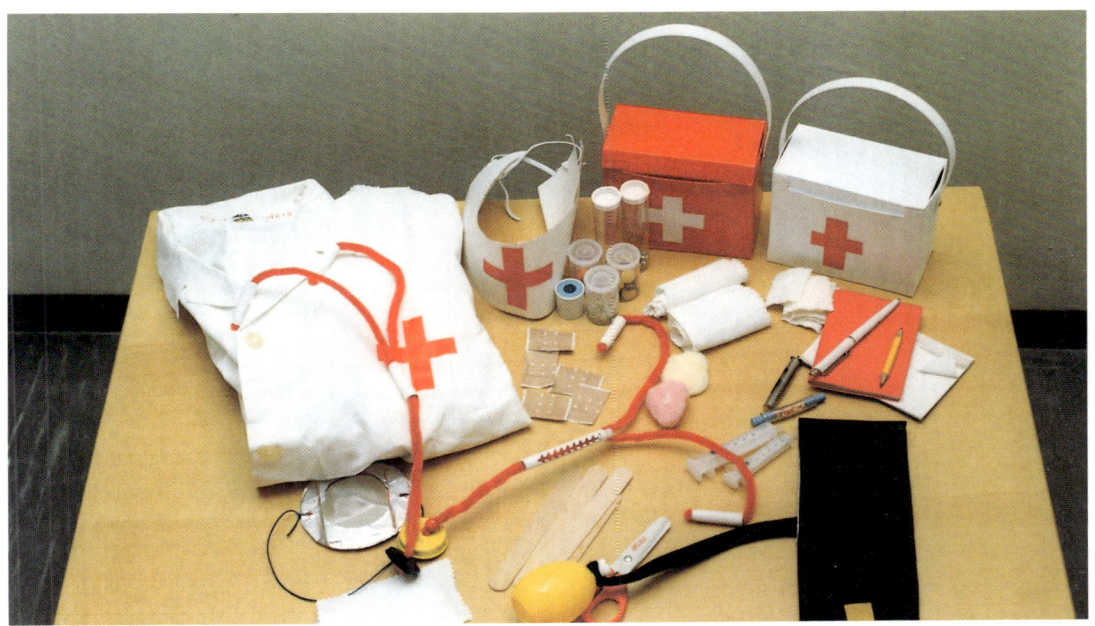

nen Fall sollten Bonbons oder Smarties genommen werden, da die Ähnlichkeit mit vielen Pillen zu folgenschweren Irrtümern beim Kind führen können! Mit Teelöffel und Taschenlampe wird in den Mund geschaut. Einwegspritze ohne Nadel, ersatzweise kleine Hölzchen, werden zum Impfen genommen. Als Thermometer dient ebenfalls ein Holzstäbchen oder auch ein Bleistift. Ein Hörrohr kann aus einer leeren Haushaltsrolle oder aus einem Stück Plastikschlauch mit Trichter hergestellt werden. Zwei Pfeifenputzer und ein gelochter kleiner Deckel eines Kinderkostgläschens werden schnell zum **Stethoskop**. Die Enden der Pfeifenputzer werden durch das Loch des Deckels geschoben, auf der anderen Seite befestigt und mit Stoffklebeband überklebt. Die beiden anderen Endstücke werden jeweils mit etwas Ge-

webeklebeband umwickelt. Auch das Mittelstück kann mit Klebeband umwickelt werden, wodurch ein besserer Halt entsteht. Ein **HNO-Spiegel** entsteht aus einem Bierdeckel, der mit Silberfolie überzogen und mit einem Hutgummi an zwei Seiten versehen wird. Ein **Blutdruckapparat** kann aus einem nicht zu breiten Stück Wellpappe oder Filz, welches mit Klettverschluß beklebt wird, erstellt werden. Ein Pfeifenputzer wird an einem leeren Zitronenfläschchen mittels Klebeband befestigt. Das andere Ende wird mit Klebeband an die Wellpappe geklebt. Zum Überprüfen der Reflexe dient ein kleines Spielzeughämmerchen. Mit Korken und Fingerfarbe bekommt das Rezept einen zünftigen Stempel. Es geht aber auch mit weniger Requisiten. Vor allem sollte ein Erwachsener sich über die Geschehnisse beim Arzt oder im

Krankenhaus mit dem Kind unterhalten und eigene, nicht zu negative Erlebnisse schildern. Ein Lied oder ein Vers erheitern das Spiel.

Ach, lieber Doktor Puppenmann,
sieh dir doch mein Kindchen an!
Drei Tage hat es nichts gegessen,
hat immer so stumm dagesessen.
Die Arme hängen ihm wie tot,
es will nicht einmal Zuckerbrot.
Ach, lieber Doktor, sag mir ehrlich,
ist diese Krankheit sehr gefährlich?

Frau Krause, werden Sie nicht bang!
(Name des Kindes einsetzen.)
Der Puls geht ruhig, Gott sei dank.
Doch darf sie nicht im Zimmer sitzen,
sie muß zu Bett und schwitzen.
Drei Kiebitzeier gebt ihr ein,
(statt Kiebitzeier Hustensaft usw.)
dann wird es morgen besser sein!
Ich empfehle mich, ich muß jetzt gehn!
Ich dank' auch schön, auf Wiedersehn.
(Verfasserin: Paula Dehmel)

Für das Krankenhausspiel entstehen viele Puppenbettchen aus Schuhkartons (Schuhgeschäft). *Dazu brauchen Sie:* 1 Schuhkarton, 2 feste Pappteile für Kopf- und Fußende. Fingerfarbe, eventuell Pinsel, Abziehbildchen, bunte Schnipsel oder Watteflöckchen zum Bekleben. Klebstoff oder selbstangerührter Kleister, Teppichbodenreste für die Matratze, Stoff für Kissen und Decke, gefüllt mit Waschwatte, 1 Schere.

Und so wird's gemacht:
Kopf- und Fußteile werden entsprechend der Schablone ausgeschnitten

1 Kästchen = 5 cm²

und an den Karton geklebt. Nun kann gemeinsam mit dem Kind das Bett verziert werden. Besonders schön sieht die Wiege mit vielen bunten Fingertupfen aus, was auch schon die Kleinsten gern machen. Dazu wird etwas Farbe auf einen Deckel getan. Mit dem Zeigefinger werden nun die Tupfen aufgetragen. Entsprechend der Größe des Kartons nähen Sie Decke und Kissen, die aus Filz oder anderen Stoffresten zugeschnitten werden können. Ein verzierter Schuhkarton ohne Wiegeteil erfüllt natürlich auch seinen Zweck. Mit einer Kordel versehen, kann er auch als Auto oder Puppenwagen umfunktioniert werden.

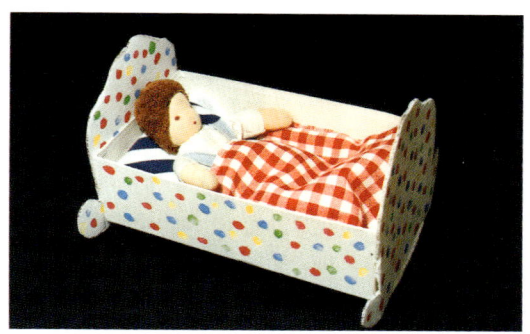

terung. Anschließend werden Hut, Rucksack und Stock an den nächsten Freiwilligen weitergegeben.

Nach demselben Muster können auch andere Lieder, zum Beispiel Hänsel und Gretel und Dornröschen gespielt werden.

Handpuppenspiel

Auch im Zeitalter des Fernsehens üben Handpuppen auf Kinder eine besondere Faszination aus und regen Phantasie, Kreativität und Vorstellungsvermögen an. Kleinkinder spielen am liebsten das, was sie selbst erlebt haben. Anfangs reichen ein oder zwei Handpuppen aus, um einfache Darstellungen aus dem persönlichen Bereich zu inszenieren. Begeistert wird das Spiel des Erwachsenen verfolgt,

Hänschen klein, ging allein…

Bei diesem Liedspiel kann »Hänschen« natürlich auch Julia oder Nico sein. Mit selbstgebasteltem Hut, einem Stock und Rucksack marschiert das Kind singend durch den Raum. In einer Gruppe begeistert dieses Singspiel besonders. Anfangs, vor allem bei kleineren Kindern, dürfen alle Hänschen sein und bekommen einen Hut (siehe Zeichnung S. 63). Für einige Kinder ist es eine Herausforderung, in einer Gruppe etwas vorzuführen, und sie brauchen deshalb Ermun-

der die Kinder in das Spiel mit einbeziehen sollte. Im munteren Dialog werden spielerisch die Sprachentwicklung gefördert und eventuelle Hemmungen leichter bewältigt. Kulisse und Bühne sind meist noch nicht gefragt und lassen sich durch Stühle, gespannte Decke oder einfache Kartontheater leicht improvisieren.

Marienkäfer, Frosch, Biene, Katze usw. können Sie nach beiliegendem Grundschnitt anfertigen. Die Käfer werden mit schwarzen Punkten aus Filz geschmückt. Schwarze Pfeifenputzer dienen als Fühler. Der Frosch bekommt besonders große Augen aus dicken Perlen oder Wattekugeln, die mit festem Garn angenäht werden. Glöckchen auf große Knöpfe genäht sehen nicht nur froschähnlich aus,

sondern läuten sanft bei jeder Bewegung. Eine rote Schleife oder eine Fliege aus Filz auf dem Kopf heben ihn besonders hervor. Leicht können Sie einen alten Socken in ein liebenswertes Monster verwandeln, indem Sie Knöpfe, Perlen oder Wattekugeln als Augen aufnähen. Wollfäden, Fell oder Watte werden als Haare angeklebt oder genäht.

Karton-Theater

Dazu brauchen Sie:
Einen stabilen, großen Karton, Fingerfarbe, Tapete, Abziehfolie oder -bilder, eventuell eine kleine Gardine, Gardinenstange (ersatzweise Bambusstab und Bordüre).

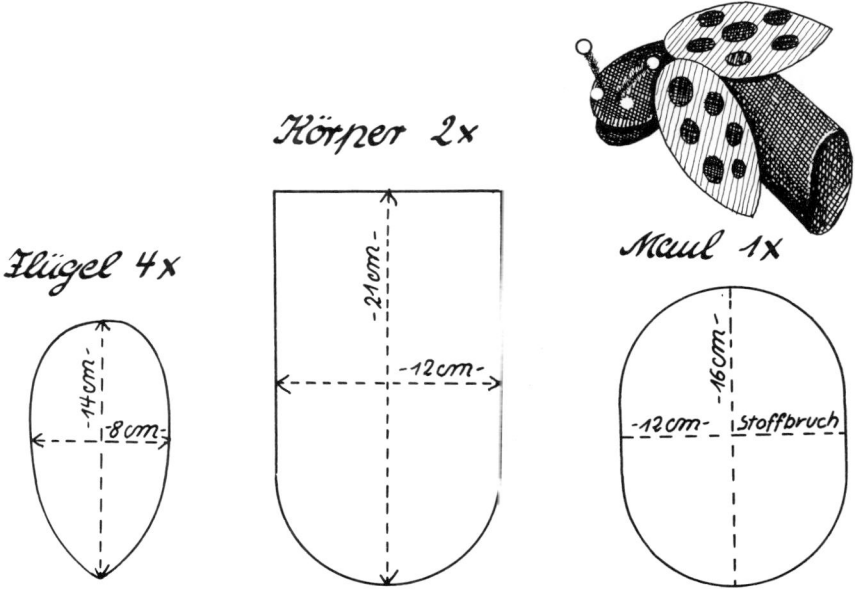

Die Fröschelein

Die Frö-sche-lein, die Frö-sche-lein, das ist ein munt'-rer Chor, sie

ha-ben ja, sie ha-ben ja, kein Schwänz-chen und kein Ohr.

Quak, quak, quak... (in der gleichen Melodie)

2 – *Und kommt der Storch, und kommt der Storch,*
dann fliehen wir ins Moor.
Und ist er fort, und ist er fort,
dann kommen wir wieder vor.
Quak, quak, quak...

Und so wird's gemacht:
Entfernen Sie die Hälfte des Kartonbodens, bemalen oder bekleben Sie diesen nach Ihren Vorstellungen. Das Bemalen mit Fingerfarbe macht auch schon den Kleinsten viel Spaß. Besonders zünftig wirkt eine kleine Gardine, die auf- und zugezogen werden kann.

Spiel- und Bastelspaß für Kinderfeste

Immer wieder gibt es Gelegenheiten, aus einem gewöhnlichen Alltag einen fröhlichen Festtag zu machen. Wichtig dabei ist die rechtzeitige und gute Vorbereitung. Länger als ein bis höchstens drei Stunden sollte ein Fest für Kleinkinder nicht dauern, da die kleinen Gäste schnell ermüden. Die Anzahl der Gäste sollte sich nach dem Alter des Kindes richten, damit es zu keiner Überforderung kommt.

Zu einem Fest gehören neben dem Angebot besonderer kulinarischer Genüsse ein nichtalltägliches Unterhaltungsver-

gnügen. Kleine Kinder sind oft noch nicht in der Lage, einem Spielprogramm zu folgen. Es sollten genügend Möglichkeiten zum Nebeneinanderspielen vorhanden sein. Im Schutz vertrauter Erwachsener und beim Vorspiel größerer Kinder lassen sich auch die Kleinen zum Nachahmen und Mitmachen animieren. Ein Wechseln zwischen bekannten und unbekannten, temperamentvollen und ruhigeren Spielen erleichtert den Ablauf. Besonders in fremder Umgebung lieben die Kleinen Vertrautes sehr. Das Spielangebot sollte von der Stimmung der Gäste abhängig gemacht und nie als Programm den Kindern aufgedrückt werden. Drei bis höchstens vier Spiele sind ausreichend; nach einem Tobespiel bieten kleine Geschichten oder Handpuppenspiele eine beruhigende Alternative. Höhepunkte, die vor allem schon von den Größeren erwartet werden, müssen nicht teuer sein, wie unsere Spiel- und Bastelanregungen zeigen und sorgen dennoch für Überraschung und

Spaß. Für Gewinnspiele haben Kinder dieser Altersstufe noch wenig Verständnis. Wollen Sie trotzdem nicht auf kleine Preise verzichten, so sollten möglichst alle Kinder das Gleiche bekommen. Singen und tanzen in jeder Form dürfen bei einem zünftigen Fest nicht fehlen. Vielleicht kann dazu ein fröhlicher Musikant mit Flöte oder Gitarre den Auftakt geben. Ein Lampionumzug läßt das Fest ruhig ausklingen, wozu sich für die Kleinsten Luftballonlaternen besonders gut eignen.

Luftballonspiele

Badespaß in Luftballons
Im Planschbecken mit vielen bunten Luftballons werden alle Sinne mobilisiert. Die Luftballons werden schwach aufgeblasen, etwa so groß wie eine Pampelmuse und fest verknotet. Auf diese Weise wird die Gefahr des Platzens erheblich reduziert. Und nun darf nach

Herzenslust gehüpft, getaucht und ge-
tummelt werden.

»Luftballon, flieg mir nicht davon…«
Viele Luftballons werden in einer Decke,
Gardine oder einem Bettuch gesammelt
und von Erwachsenen oder größeren
Kindern gehalten. Bei dem Kommando
»1-2-3 hoch«, wird das Tuch nach oben
geschwungen und weggezogen, so daß
die Luftballons auf die Kinder herunter-
schweben. Anschließend werden die
Luftballons wieder eingefangen.

> *Luftballon, flieg mir nicht davon.*
> *Laß dich stupsen, laß dich packen,*
> *viele schöne Sachen machen.*
> *Luftballon, flieg mir nicht davon.*
> (Melodie: »Hopp, hopp, hopp, Pferd-
> chen lauf Galopp«.)

Luftballontanz für die Größeren
Zwei tanzende Kinder halten zwischen sich einen Luftballon und achten darauf, daß dieser nicht herunterfallen kann. Dazu eignet sich das Lied »Brüderchen, komm tanz mit mir«, wobei für Brüderchen der Name des Kindes eingesetzt werden kann.

Luftballonlaternen
Dazu brauchen Sie kleine Stäbe oder Stöckchen, an die jeweils ein bis drei bunte, aufgeblasene Luftballons mit einer Schleife oder einem Gewebekleband befestigt werden. Luftballonlaternen eignen sich vor allem im Sommer, weil es dann erst spät dunkel wird. Sie sind von den Kleinsten gefahrloser als echte Laternen zu tragen.

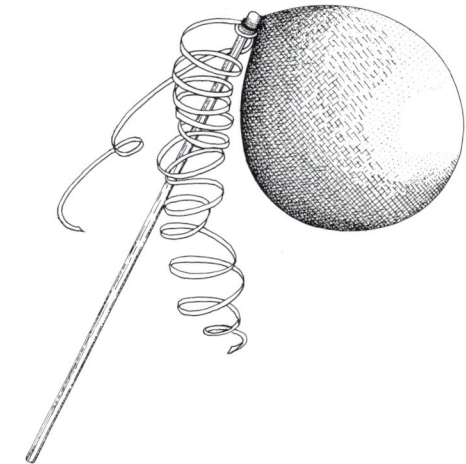

ve bilden Angelmotive aus Tonpapier, die von den Größeren bemalt werden können, und auf die ein Pfennig geklebt

Käfer- und Froschangelspiel

Dazu benötigen Sie:
Viele Deckel der Babykostgläschen oder anderer kleiner Glasgefäße, auch Saft- oder Bierflaschenverschlüsse eignen sich, 1 Stöckchen oder Bambusstab für die Angel sowie 1 Schnur (nicht zu lang), Klebeband, 1 bis 4 Käfermagneten oder andere kleine Magneten, 1 Pinsel, Plakatfarbe und Lack in rot, grün, schwarz. Lackmalstifte für Käferpunkte und Augen, eventuell ein Behälter für die Angelmotive.

Und so wird's gemacht:
Käfer und Frösche werden rot und grün angemalt und nach dem Trocknen lakkiert. Punkte und Augen werden mit dem Lackstift aufgemalt. Eine Alternati-

wird. Die Schnur wird mit dem Stab fest verbunden und mit Klebeband umwickelt, damit sie besser hält. An das Ende kommt der Magnet, der ebenfalls festgeklebt wird.

Und nun »Petri-Heil«! Die Kinder können unter lautem »Quaken« oder »Summen« ihr Glück mit der Angel versuchen, wozu viel Geduld, Konzentration und Geschicklichkeit gehören. Bei den Angelversuchen der Kleinsten ist anfangs noch die Mithilfe der Erwachsenen gefragt. Nach der Melodie »Bruder Jakob« läßt sich »Kleiner Käfer« singen.

Aber auch das Lied vom »Sonnenkäferpapa« (Seite 56) paßt gut.

Eine andere Möglichkeit ist das Angeln mit der Schöpfkelle (Sieb). Dazu wird ein Eimer, Topf oder eine Schüssel mit Wasser gefüllt. Dinge, die schwimmen, zum Beispiel Tischtennisbälle, Plastikringe, Wäscheklammern und Korken usw., werden mit der Schöpfkelle herausgefischt. Ein Spiel, das sich für Balkon, Garten, Küche oder Bad anbietet, und auch die Kleinsten fasziniert.

Seifenblasen

Seifenblasen, Seifenblasen!
Dürft auch welche haschen!
Wenn ihr sie gefangen habt,
steckt sie in die Taschen.
Tragt sie lieber auf der Hand,
kriegen sie keine Falten,
wer sie heil nach Hause bringt,
der darf sie behalten.
(Viktor Blüthgen)

Das Zaubern mit Seifenblasen regt zum Schauen, Staunen und Bewegen an. Im Freien macht dieses Spiel besonders viel Spaß, wenn sich dazu ein Kind oder Erwachsener auf den Stuhl stellt und von dort aus kräftig pustet. Der Wind treibt

die kleinen und großen »Glitzerdinger« in alle Richtungen, und das fröhliche Haschen und Fangen kann beginnen. Das Blasen können Sie den Kindern gut demonstrieren, indem Sie beispielsweise Papierschnipsel, Wollfäden, Watte oder Federn von Ihrer Handfläche oder vom Tisch pusten lassen. Um einen Seifenberg zu bekommen, wird eine Schüssel halbvoll mit Wasser gefüllt, in das Sie etwas Spülmittel geben. Größere Kinder können nun durch einen Plastikschlauch oder Strohhalm so lange blasen, bis der Berg groß genug ist. Das Blubbern ist gleichzeitig ein toller Ohrenschmaus.

Bunter Paradiesvogel

Eine leere Klopapierrolle wird mit farbigem Tonpapier oder Klebefolie beklebt oder bemalt und anschließend mit vielen bunten Bändern aus Kreppapier geschmückt. Augen und Schnabel werden aufgeklebt oder mit Filzstift aufgemalt. Durch die Rolle wird ein ca. 50 cm langes Band gezogen und verknotet. Beim Laufen wird der Vogel mit dem Arm nach oben gehalten, so daß er herrlich durch die Luft flattern kann.

Liedbegleitung: »Kommt ein Vogel geflogen.«

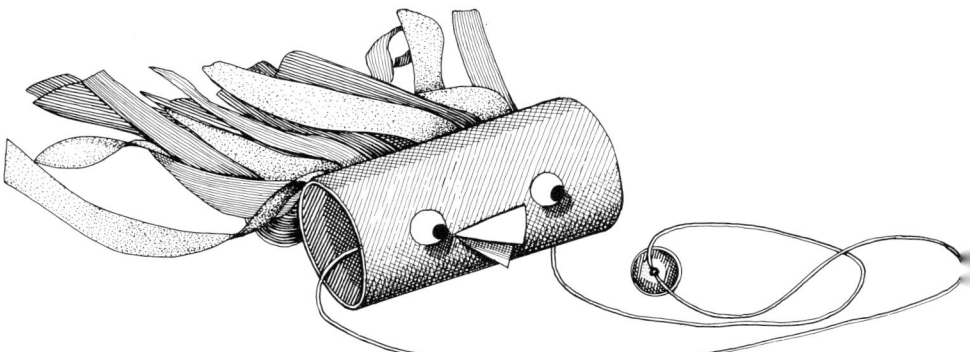

Segelschiffchen aus Eierkartons

Dazu benötigen Sie:
Leere Eierkartons ohne Deckel, Klo- oder Küchenpapierrollen, Schaschlikstäbe, Bind- oder dicker Wollfaden, Klebstoff, Schere, Tonpapier und Stoffreste.

Und so wird's gemacht:
Aus dem Tonpapier wird ein Dreieck geschnitten, um das Schaschlikstäbchen gelegt und festgeklebt. Das Stäbchen wird in die Mitte des Eierkartons gesteckt und mit Kleber befestigt. Sie können

nach gleichem Muster noch ein Segel fertigen und die Schiffe mit Fähnchen

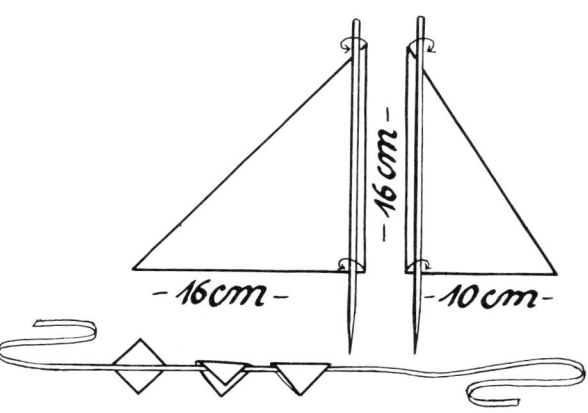

schmücken. Dafür schneiden Sie kleine Dreiecke doppelt aus und bekleben damit ein Band von beiden Seiten. Anschließend wird das Fähnchenband an der Spitze des Mastes sowie an den beiden Seiten des Kartons befestigt. Alle Boote bekommen ein gleich langes Band, das

einmal am Schiff und einmal an der leeren Klopapierrolle befestigt wird.

Die Boote werden nun mit lockerem Band auf den Boden gesetzt. Die Kinder können im Sitzen oder Stehen das Band um die Klopapierrolle wickeln und das Schiff in den »Hafen ziehen«. Kleine Korkenmännchen können als Matrosen und Bootsmänner (siehe Eierkartonbus, S. 74) in das Schiff gesetzt werden.

Auch kleine Überraschungen darf

das Boot geladen haben. Sicher werden die Kinder das Schiff gern als Geschenk mit nach Hause nehmen. Damit das Boot nicht kentert, muß mit viel Geschick gearbeitet werden. Mit etwas Hilfe können größere Kinder ihr Boot selbst basteln. Segel aus weißem Papier können bunt bemalt werden. Zu diesem Spiel eignet sich auch der Eierkartonbus, wenn er dazu mit Band und Rolle versehen wird. Es können auch ganz einfach kleine Päckchen an das Band zum Einholen befestigt werden. Noch mehr Spaß macht es, wenn einige der Gäste oder Kinder den Wind durch kräftiges Pusten imitieren oder ein Lied (zum Beispiel »Jetzt fahr'n wir über'n See«) singen.

Überraschungsclown

Ein Höhepunkt des Kinderfestes kann der lustige Überraschungsclown sein, der mit vielen kleinen Päckchen, die mit Wäscheklammern oder Klebeband befestigt sind, behängt wird. Winzige Überraschungen werden liebevoll in Streichholz-, Käseschachteln oder in leeren Klopapierrollen versteckt und beklebt oder bunt eingepackt. Es kommt darauf an, dem laufenden Clown die Päckchen abzujagen.
Überraschungsideen können sein: Abziehbilder, Taschenbilderbücher, kleine Armbänder aus bunten Holzperlen mit Gummizug, Luftballons, Seifenblasen, kleine Autos, Murmeln, Buntstifte, Mu-

scheln und besonders schöne Steine aus dem letzten Urlaub. Für die etwas größeren Kinder werden kleine Aufgaben auf Zettel geschrieben und verpackt, zum Beispiel auf einem Bein stehen, um einen Tisch herumhüpfen, Purzelbäume schlagen, klatschen, springen, Tierlaute nachmachen usw. Der Phantasie sind keine Grenzen gesetzt.

Klärchen, das Becherpüppchen

Kinder fasziniert es immer wieder, wenn etwas, was sie gerade sehen, plötzlich vor ihren Augen verschwindet und ebensoschnell wieder auftaucht.

Für Klärchen benötigen Sie:
1 leeren Joghurtbecher, 1 Holzlöffel, Wollfäden oder Fellreste für die Haare, Stoffreste für das Kleid, 2 Holzperlen für die Hände, 1 Pfeifenputzer für die Arme, Klebstoff, wasserfester Malstift für das Gesicht, spitze Schere.

Und so wird's gemacht:
In den Boden des Joghurtbechers schneiden Sie ein kleines Loch, so daß der Holzlöffel gut bewegt werden kann. Der Löffel wird an seiner Rundseite mit Fell oder Wolle beklebt. Der Stoff für das Kleid wird doppelt gelegt und ausgeschnitten. An der Bruchkante wird eine Rundung für den Halsausschnitt geschnitten. Der Pfeifenputzer wird so um den Stiel gewickelt, daß zwei Enden als Arme übrig bleiben, auf die jeweils eine Perle gesteckt und geklebt wird. Das Kleid wird angezogen und mit einem Band unter den Armen gehalten. Das Gesicht mit einem Stift auftragen. Dann

wird der Stab von oben in den Becher geschoben und kann nach Belieben auf und ab bewegt werden.

O Jammer, o Schreck,
das Klärchen ist weg!
Juchhei und Juchha,
schaut, das Klärchen ist wieder da!

letzte Seite　　　　　　　　　　*1. Seite*

2. Seite　　　　　　　　　　*7. Seite*

Tüftelbilderbuch aus Stoff

Aus Reststoffen aller Art können Sie Ihrem Kind ein kunterbuntes Tast- und Geschicklichkeitsbilderbuch anfertigen, an dem es lange Freude hat. Dabei lernt es spielerisch den Umgang mit Knöpfen, Reißverschlüssen, Gürteln, Schnallen, Haken, Ösen, Druckknöpfen, Klettbändern und das Binden von Schleifen – Alltagstechniken, die viel Fingerspitzengefühl erfordern. Sprachentwicklung und Phantasie werden beim gemeinsamen Anschauen und Benennen der Bilder gefördert, die nach Wahl in Farben und Motiven geändert werden können. Halten Sie sich nicht starr an die Beispiele, erfinden Sie auch eigene leichte Bild- und Aktionsmöglichkeiten.

Für das Buch benötigen Sie:
Ca. 4 bis 6 Seiten von 40 cm Breite und 23 cm Höhe. Es werden immer zwei Stoffseiten aufeinandergelegt und, sobald die einzelnen Motive befestigt sind (geht auch mit Stoffkleber), zusammengenäht. Der Stoff sollte nicht zu dünn sein, eventuell mit Vlieseline unterlegen.

6. Seite   *3. Seite*

4. Seite   *5. Seite*

Sie können auch Pappe zwischen die beiden Seiten legen.

1. Seite: Blume zum Knöpfen mit Knopf und Filzblüten. Fertigen Sie ruhig verschiedene Blumen an, die in Form und Farbe wechseln, damit Ihr Kind diese Seite immer wieder neu gestalten kann.

2. Seite: Apfelbaum mit Äpfeln zum festkletten und drücken mit Druckknopf.

3. Seite: Die gepflückten Äpfel werden in den Korb gesteckt.

4. und 5. Seite: Lokomotive mit Anhänger. Räder aus Knöpfen, auf die die Reifen aufgeknöpft werden. Das Fenster läßt sich öffnen und schließen mit Haken und Öse. Zwei Ringe zum Ankoppeln der Wagen für das Schleifenbinden (erst ab ca. 4 Jahre), Fingerpuppen sitzen im Wagen. Ein weiteres Motiv kann eine Tasche mit Druckknopf für die Fahrkarten sein.

6. Seite: Wolke und Sonne mit Klettverschluß zum Wechseln, zum Beispiel für Vögel, Sterne, Mond usw. Die Blumen können abgeknöpft und nach eigener Vorstellung verändert werden. Dazu kann eine Geschichte erfunden werden.

7. Seite: Marienkäfer mit Reißverschluß als Tasche und abnehmbaren Punkten. Im Bauch des Käfers können kleine Fingerpuppen Platz finden, mit denen eine Spielgeschichte dargestellt werden kann. Auch Überraschungen für viele Gelegenheiten finden hier ein Versteck.

8. Seite: Tasche mit Gürtel, in der die Zusatzmotive gesammelt werden.
Das Buch wird mit einem Verschluß für Pelzmäntel oder mit Knebelknopf und Öse geschlossen.

Alternativ können die Buchseiten als einzelne Bildfunktionsplatten aus Teppichbodenresten und Stoff hergestellt werden. Für kleinere Kinder und in Gruppen kann damit ein leichterer Umgang ermöglicht werden. Auf den Platten aus

Teppichboden können schon die Kleinsten mit Watte, Wollfäden oder Filzmotiven ihre Fingergeschicklichkeit ausprobieren. Je nach Können kann die Funktion auf der Stoffseite mit Klettband, Druckknopf, Haken, Reißverschluß oder Schleifen gesteigert werden.

Kommt ein Käfer geflogen…

Eine leere Dose aus Plastik oder Metall kann leicht zu einem »fliegenden Objekt«, wie Marienkäfer, Schmetterling oder Vogel werden. Mit einem Milchdosenöffner werden sowohl in Deckel und Dose am oberen und unteren Teil ein Loch gebohrt. Ein kräftiges Gummiband wird durch das Loch gezogen und jeweils mit einer Perle im Inneren der Dose versehen, um ein Herausrutschen zu vermeiden. Einige Erbsen oder Perlen werden in die Dose gefüllt, die dann verschlossen wird. Anschließend wird die Dose mit rotem und schwarzem Filz beklebt. Auf die roten Flügel kommen schwarze Punkte. Für die Fühler werden schwarze Pfeifenputzer und für die Augen zwei rote Perlen auf den Filz genäht. Zum Schluß wird der Dosenrand mit einem roten Gewebeklebeband zusammengehalten. Der Käfer wird nun so aufgehängt, daß das Kind leicht die Schnur greifen kann. Hui, wie der Käfer fliegen kann, wenn an seiner Schnur gezogen wird!

Lieder

Alle Indianer tanzen 41
Alle meine Vögelein 66
Auf der grünen Wiese blühen Blümelein 87
Auf der grünen Wiese steht ein großer Baum 86
Auf der langen Rutsche 44
Auf unsrer Wiese gehet was 52
Brumm, brumm, brumm 60
Bum, bum, bum, der Trommler geht herum 95
Das Farbenlied 89
Das Wandern ist der Kinder Lust 19
Der Apfelbaum 42
Der Hampelmann 57
Der Sonnenkäferpapa 56
Dideldadeldum, hört euch alle um 96
Die Fröschelein 112
Die Kinderlein, die Kinderlein 59
Ein kleiner Esel 50
Ein Vogel wollte Hochzeit machen 59
Es geht eine Zipfelmütze 54
Es regnet 67
Frau Holle, Frau Holle 70
Hätt' ich doch ein Pony… 46
Hin und her, seefahrn ist nicht schwer 24
Hoch will ich schaukeln 23
Ich bin ein kleines Pony 45
Ich flieg' in meinem Flugzeug 47
Ich heiße August Fridolin 51
Ich schaukel auf dem Wasser 25
Im Garten steht ein Schneemann 69
Karussellfahrt 26
Komm, wir wollen tanzen… 32
Kommt ein Auto angefahren 47
Laßt die Bälle tanzen… 32
Laßt die Fäuste boxen… 28
Liebes Schätzchen 16
Linkes Bein, rechtes Bein 54
Luftballon, flieg mir nicht davon 116
Meine Augen sind verschwunden 15
Meine kleine Eisenbahn 47
Ringel, Ringel, Reihe 53
Ritsche, ratsche, rei 94
Ri-ra-rutsch 46
Rummelbummel 55
Schnee, Schnee, Schnee 69
Sitt, sitt, sitt, tanzt doch alle mit 97
Tanzbär 50

Tra-ri-ra, der Postmann, der ist da! 104
Tüdelüdelit, macht doch alle mit 95
Wenn sich die Igel küssen 91
Wie spricht die Katze 39
Wir schaukeln 23
Wir sind die Musikanten… 99
Wir spielen und fangen lustig an 64
Wir streicheln, wir streicheln und fangen fröhlich an 15
Wo ist denn das Rot geblieben 72
Wo sind denn die Augen 15
Wollt ihr fleißige Bäcker seh'n 83
Wollt ihr fleißige Puppeneltern seh'n 100

Verse

Ach, lieber Doktor Puppenmann 108
Da flitzt eine Maus 39
Da oben auf dem Berge 65
Dein Kopf ist rund 15
Der Daumen wollte schlafen geh'n 64
Der Daumen wollt' spazierengehen 62
Die Fingerlein, die Fingerlein 64
Es tröpfelt ganz sacht 67
Große Uhren machen tick-tack, tick-tack 58
Hallo, ihr Hände, wer seid ihr denn? 20
Heile, heile Gänschen 16
Heile, heile Spätzchen 16
Hoch am Himmel, tief auf der Erde 58
Igel machen sonntags früh 63
In dem Walde steht ein Haus 65
In einem kleinen Häuschen 39
In unseren Häuschen sind schrecklich viele Mäuschen 39
Kleine, süße Schmusekatze 16
Komm, du lieber süßer Wicht 17
Komm her, mein kleines Schäfchen 16
Kribbel, krabbel, schleicht die Schnecke 17
Kribbel-krabbel-Mäuschen 16
O Jammer, o Schreck 123
O Schreck, o Schreck 36
Puste, puste, puste Wind 16
Regen, Regentröpfchen 66
Schlaf, mein kleines Püppchen 103
Seifenblasen, Seifenblasen! 119
Tri, tra, troll 66
Wir wollen in den Garten gehen 68
Wo ist denn das Auto 20